# 孤高

鈴木敏文

日経BP社

鈴木敏文　孤高

# はじめに

２０１６年4月7日。東京・八重洲の会議室にはおよそ２５０人の報道陣が詰めかけていた。テレビ、新聞、雑誌……多様なメディアの記者が集まり、会場は異様な熱気に包まれていた。そして16時30分、会見が始まる時刻ぴったりに、当時セブン&アイ・ホールディングス会長兼ＣＥＯ（最高経営責任者）だった鈴木敏文氏が姿を現した。

フラッシュが一斉に鈴木氏に降りかかる。案内のスタッフに導かれた鈴木氏は、席の前に立ち、軽く頭を下げた。カメラのシャッター音が響き渡る中、ゆっくりと顔を上げ、報道陣を見回し、用意された席に座る。その表情からは何も読み取ることができなかった。

「どうも皆さん、お忙しいところ、こんなにたくさんの人にお集まりいただいて、今、そこを入ってきてびっくりしたわけでございます」

少し戸惑ったような、照れたような表情で、軽く咳払いをして言葉を続けようとする鈴木氏。浴びせるようなカメラのシャッター音が、鈴木氏の声をかき消し、会場の記者たちからは不満の声が上がった。

報道陣側は一触即発の空気が張り詰める半面、それと対峙する鈴木氏の表情から緊張は感じられない。ただ淡々と、マイクの前で説明を続ける。

なぜ、セブン&アイの会長兼CEOを退任すると決めたのか。セブン&アイ傘下、セブン-イレブン・ジャパンの社長交代問題で何が起こっていたのか。経営と資本の分離について。時に天を仰いで目を閉じ、時にほほえむ。

この会見には、鈴木氏と長く歩みを共にしてきたセブン&アイ幹部らも出席していた。会見途中、鈴木氏の言葉に涙する幹部もいた。だが当の本人は、終始淡々と説明を重ねるばかりで、その表情から「悔い」のようなものは伝わってこない。

そんな鈴木氏の姿勢は、退任会見からおよそ7週間後に開催されたセブン&アイの株主総会でも変わらなかった。

「鈴木でございます。私がグループに参画させていただいたのは、1963年でございました。当時の規模は売り上げで約40億円でして、店舗数は5店舗でした。その後、皆さま方の多くのご支援をいただきながら、会社は成長してまいりました。そして今日は、グループ全体の売り上げが10兆円を超す規模になりました」

「もう晩年でございますし、イトーヨーカ堂や西武(百貨店事業)については懸念もありました。しかしイトーヨーカ堂については、今年（２０１６年）に入って徐々にではございますが、良い方向に向かっていると確信しています」

「これからの大きな問題はオムニチャネル（ネット事業と店舗の融合戦略）です。オムニチャネルに対してどれだけ力を入れてくれるか。（中略）それがきちんとできれば、我々の会社は小売業として日本で一番、そして世界で何番目かに成長すると思います。株主の皆さまのご支援をいただくようにお願いをして挨拶に代えたいと思います」

セブン＆アイの株主らが集った会場で、鈴木氏は総会の終わりにこう語り、振り返ることなく会場を去った。最後の言葉を株主らも静かに受けとめ、鈴木氏は経営の表舞台を後にした。

多くを語らずに去ることを美学としたのかもしれない。インタビューなどで見せるシャイな人柄と、静かな去り際は、確かに鈴木氏らしいものだった。

だが、グループの総売上高10兆円に達する巨大流通コングロマリットを、四半世紀も率いた戦後有数のカリスマ経営者の最後の言葉としては、退任会見で語られた内容も、株主総会の挨拶も、あまりにも淡泊だった。

日経ビジネス取材班は、鈴木氏の退任を巡って数々の記事を書いてきた。多くのメディアも同様に報道を重ね、新聞や雑誌には日々、刺激的な見出しが躍った。「物言う株主の暗躍」「創業家の反撃」「取締役会内部の分裂」「カリスマが求めた世襲」……。その大半が〝お家騒動〟に視点を当てた内容だった。

だが果たして、鈴木氏の退任は、そんな近視眼的な言葉で済ませてもよいものなのか。コンビニエンスストアという新しいインフラを戦後の日本に根付かせ、メーカーが支配していた流通業界の力関係を逆転させた立役者が、経営者・鈴木敏文氏である。

一人のサラリーマンはどのようにカリスマ経営者となり、巨大な流通コングロマリットを形成してきたのか。そしてどんな壁に直面し、経営の表舞台から去ることを決めたのか。

真相を探るには、2つの要素が欠かせない。1つは、鈴木氏本人の肉声である。日経ビジネスは鈴木氏の退任以降、延べ10時間に渡って本人への単独インタビューを重ねてきた。1章では、鈴木氏本人が自身の半生を振り返りながら、セブン&アイの拡大に込めた思いをひも解いた。

経営者・鈴木敏文氏を理解する上で、もう一つ欠かせない要素が歴史である。イトーヨーカ堂の創業者であり、セブン&アイ名誉会長でもある伊藤雅俊氏と鈴木氏の関係は実に50年以上に及ぶ。トーハンからヨーカ堂に転じた鈴木氏が、創業者である伊藤氏の信頼をどのように勝ち取り、幹部として台頭したのか。

日経ビジネスでは１９７０年代以降、鈴木氏と伊藤氏の取材を重ねてきた。歴史を振り返れば、鈴木氏と伊藤氏という２人の微妙かつ絶妙の関係がどのように誕生し、維持されてきたのか知ることができる。２章では、過去の記事を再収録し、鈴木氏と伊藤氏、両者の経営者としての「素顔」に迫った。

そして２０００年代。カリスマ経営者としての地位を揺るぎないものにした鈴木氏は、セブン帝国を率い、どんな未来を描こうとしていたのか。３章では２０００年代以降のセブン帝国の強さと、退任に至る「綻び」を収めた。

終章では、今回の退任に至るまでの〝お家騒動〟の裏で何が起きていたのか、その一部始終を書き下ろした。

「流通王」として日本の戦後経済史に名を刻んだ経営者・鈴木敏文氏。この一冊を読めば、その孤高の半生を知ることができる。

はじめに 3

# 1章 鈴木敏文、半生を振り返る 15

1節 「辞めさせられたわけではない」 20
「伊藤さんは僕の考えを追認した」／「悔いは残らない」

2節 「中内さんの下だったら、1年で辞めた」 26
「伊藤さんは我慢強い」／「金銭感覚は一致していた」

3節 「お金がなかったから、強くなった」 32
1号店からFCで投資を抑制／鈴木流で「流通革命」を完成

4節 「業界のことなんて、何も知らない」 40
素人集団だからできた変化対応／「便利」にこだわり銀行設立

5節 「コンビニは終わっていない」 48
「コンビニでトラックだって売れる」／「きちっとやってくれるかどうか」

6節 「百貨店はもっと商品力あるかと思った」 54
相次ぐ買収、商品力を重視／「世襲なんて考えたこともない」

7節 「米セブン買収、再建に自信あった」 60
ハリケーン・スズキがやってきた／「もう怒鳴ることはなくなった」

8節 「やっぱりスーパーは米国の物まねだ」 68
チェーンストア理論と「商人道」／V字回復、そして総会屋事件

9節 「ヨーカ堂は、やっぱり変わらなかった」 74
「鈴木君は分からないでしょ」／在庫買い取り要請の真相

10節 「60歳を過ぎたら引退と思っていた」 80
「後継者、育てる必要なかった」／「大したことはやってない」

2章 鈴木と伊藤、最強の2人 87

1節 伊藤雅俊の実像 「夢追う大商売人」（1984年掲載） 92
〝森永撤去〟を自ら事情説明／「気持ち悪いことはしたくない」／母親に磨かれた商人感覚／〝老舗好き〟と拡大路線／格好いい理屈はいらない／したたかなバランス感覚／商人は後ろ姿を見て学ぶ

2節 建前を本音で実践 イトーヨーカ堂の美学（1985年掲載） 110
社員は身ぎれいな商人たれ／社員2万人が〝自己採点〟／「約束を守っているか」「ゴミを拾うか」／昼食の中身も分かるIDカ

ード／「お客様」「気味悪い」「怖い」／儲けは2位、ジャスコの2倍／二重、三重の監視体制／業革で取引先もしつける／「入って良かった」会社にしたい／「マネジメント能力は私より上」／手堅さと革新性が同居する／確実性重視で西武とは対極／百貨店は「つまらない選択」か／「伊藤と鈴木」の継承は可能か

3節 **鈴木敏文の矜持「己を殺して自我を貫く」**（1986年掲載）―― 146

テコでも動かぬ強情さ／小売店との共存共栄を／まず〝死に筋〟商品を排除／一流の人と接し、劣等感が／発想・行動の奥に伊藤の影／自然体を大義名分で補強

4節 **リーダーの研究 鈴木敏文「成功体験を捨てよ」**（1995年掲載）―― 164

米サウスランド社を3年で軌道に／小手先の合理化案、次々に拒否／トップは明確な改革案を示せねばダメ／「業革」で鈴木哲学を伝授／売り上げよりも利益率を優先／「仮説と検証」で変化に対応／鶴の一声、5800店を駆け巡る／会議経費、年間15億円／10年同じ話をするバイタリティー

コラム 「伊藤さんと鈴木さんは〝ニコイチ〟」 ライフコーポレーション清水信次会長が明かした2人の関係 202

3章 鉄壁のセブン帝国 217

1節 成功体験が常勝集団を苦しめる（2001年掲載） 222
「成功体験の呪縛が過信を生んだ」／機能不全に陥った「チームMD」／セブンとヨーカ堂の落差／情報システム導入が裏目に／デフレ対応迫られるセブン／甘い見通し、伸び悩むEC／鈴木社長インタビュー「変化には時間がかかる」／「小売業は急には変われない」／「アイワイバンクは3～4年で黒字化する」

2節 ミレニアム統合に込めた成長への執念（2006年掲載） 252
統合は「壮大な実験」／縮小時代、業態の壁破る／統合、ヨーカ堂改革も視野に

3節　鈴木帝国の覚悟「血の入れ替え」(2013年掲載)――262
「血を入れ替え、洗脳する」／残酷なコントラスト／広がる「相互不信」の溝／パートで巨大店を回す／ヨーカ堂を苦しめる「一物一価」／セブンゴールドの〝闇価格〟／ビジネスモデルの危機
4節　築き上げた「鉄の支配力」(2014年掲載)――286
「非常識」な開発を要求／NBメーカーに「部品」を作らせる／セブンこそ技術革新の牽引役／加速する「ドミナント戦略」／有無を言わせぬ販売実績／20分で全売り場から撤去／販売機会の損失が一番怖い／全部信じて言われた通りにする／絶対者の存在を幹部は利用／オムニに透ける2つの真意／「仮病を使ってでも米国に飛べ」／誰もが欲しがる独自商品／「セブンプレミアム」モデル／ネットも「セブン化」する／宅配でヤマトと競合も／「私が引退する日は必ず来る」

コラム
「鈴木さんも僕も、革命者だ」
ニトリホールディングス似鳥昭雄会長が語る鈴木敏文氏の強さ　328

終章　舞台を降りたカリスマ　341
ヨーカ堂社長の更迭と在庫買い取り／鈴木の人事案に創業家が「ノー」／対立のまま取締役会になだれ込む／物言う株主が鈴木体制に圧力／「獅子身中の虫」が内通／最高顧問か、名誉顧問か／新体制、百貨店や人事にメス／記者会見で異例の「創業者賛辞」／「サラリーマン経営者」の矜持

おわりに　367

# 1章

# 鈴木敏文、半生を振り返る

日本を代表する巨大流通コングロマリットのトップを辞してから、鈴木敏文は経営の第一線に立っていた頃には見せなかった内面を、時折、さらけ出すようになった。ぶれない信念を持ち、経営者人生の中で失敗など一つもなかったかのように振る舞ってきた「ミスターコンビニ」が、肩の荷が下りたのか、自らの経営者人生を本音で語り始めている。

「セブンイレブン」を中核とする小売りグループ、セブン&アイ・ホールディングスのトップに「カリスマ」として長らく君臨し続けた鈴木の突然の退任は、経済界のみならず、多くのビジネスパーソンに衝撃を与えた。「近くて便利」なコンビニエンスストアという事業モデルを確立しただけではなく、小売りの枠にとどまらず、公共料金の収納代行や銀行ATMの設置など、多様化する消費者ニーズに貪欲に応えてきた。日本人の日々の生活を支えるコンビニの重要性は、東日本大震災以降の度重なる天災で果たした社会インフラとしての役割を振り返れば、明らかだ。

毎日、欠かさず弁当や総菜などを試食し、味が気にくわなければ即座に全国の店舗の棚から商品を撤去させるなど、トップダウンで意思決定してきた鈴木のエピソードは数多く語られている。そもそも、セブンイレブンの創業や銀行業への進出など、周囲の猛反対を押し切って始めた事業が大きな成功を収めてきたのは、鈴木の類いまれな先見性と、常に消費者目線で変化に対応し続けようという、執念とも言える揺るぎない経営哲学があったからだ。

ただし、その一方で鈴木はジレンマを抱えていた。ダイエーを創業した中内㓛、セゾングループの総帥・堤清二など、カリスマと呼ばれた多くの経営者がそうであったように、自らの引き際を冷静に見定めることができなかった。

鈴木は、イトーヨーカ堂の創業者である伊藤雅俊から経営手腕を高く評価され、早くから頭角を現してきた。伊藤が総会屋事件で引責辞任した1992年以降、鈴木は名実ともにトップとしてグループを率いることになったのだが、それを支えたのは伊藤からの絶大な信任だった。鈴木にとっては、伊藤の信任は自らの実力で勝ち取ったという自負がある。創業者と〝雇われ社長〟という立場の違いをわきまえ、「無私」の姿勢で仕事に打ち込み実績を重ねてきたことで、伊藤の信頼を得てきたとの思いだ。

鈴木は「かつて、60歳を過ぎたら経営者は引退すべきだと思っていた」と言う。だがグループの事業規模が拡大し、事業環境もめまぐるしく変わる中で、安心して経営を託せる後継者を見いだせなかった。「無責任には引けない」という思いを強くしていったのは、伊藤から経営を託されているという思いが人一倍強いからでもあった。

そんな状況は２０１６年、劇的に変化した。背後にあった動きは一つではない。「物言う株主」と呼ばれる米国のアクティビスト・ファンドの暗躍、コーポレートガバナンス強化の潮流に乗った社外取締役の台頭、そして創業家の世代交代……。いずれも鈴木の退任を意図したものではなかったが、結果的に外堀は徐々に埋められていった。

鈴木は退任後、述べ10時間に及ぶ日経ビジネスのロングインタビューに応じ、経営者人生を振り返った。そこでは、これまでほとんど語られることのなかった創業者・伊藤との関係についての思いや、退任後に去来した様々な葛藤を吐露した。それは自らの信念を貫き、常に変化に挑み続けた「孤高」の経営者の物語でもあった。

＝文中敬称略

# 1節「辞めさせられたわけではない」

2016年7月上旬、東京・四ツ谷のセブン&アイ・ホールディングスの本社9階。そのひと月半前まで、同社のトップとしてこのフロアに執務室を持っていた鈴木敏文(84歳)の姿があった。子会社セブン-イレブン・ジャパンのトップ人事の混乱を経て、鈴木は同年5月26日の株主総会で会長兼CEO(最高経営責任者)の座を辞している。名誉顧問となった今はホテルニューオータニに事務所を構えて、本社とは距離を置く。

この日、鈴木が本社を訪れたのは、名誉会長である創業者・伊藤雅俊(92歳)と食事をするためだった。場所は名誉会長の部屋。鈴木と共に経営の一線から退いたセブン&アイ前社長の村田紀敏(72歳、現顧問)、2016年にイトーヨーカ堂社長に復帰した亀井淳(72歳)も一緒である。

鈴木がセブン&アイのトップを辞した理由の一つが、創業家との確執だとされる。セブン-イレブン社長だった井阪隆一(59歳、現セブン&アイ社長)を退任させる鈴木の人事案を、伊藤は承認しなかった。取締役会に諮る前、村田が伊藤の意向を確認した際、予期せぬ反対を受けたのである。

人事の混乱に乗じ、創業家が実権を取り戻しに動いたのか――。社内外は〝お家騒動〟が起きたと見た。

だが、鈴木は否定する。

「不仲なんてことは全然ない。けんかも一度もしたことがない。だからこの前も一緒に食事をしたんだ。（名誉会長が）外で食事をしようと言うから、いつものように名誉会長室にしましょうと言ってね。僕はよく前から、名誉会長と部屋で一緒にすしを食べていた」

「どんな話をしたかは内緒。でも、率直なことを話した。後継者についてはこうですよ、ああですよ。会社のこれからのこととかね」

## 「伊藤さんは僕の考えを追認した」

鈴木は退任後、日経ビジネスによるインタビューに複数回、応じている。そこで幾度となく語られたのが、伊藤との絶妙で、かつ、微妙な関係だった。

「辞めさせられたわけではない」と語る鈴木敏文氏

「資本と経営の分離」——。

鈴木は、退任の意向を表明した2016年4月7日の記者会見で、背景にある考えをこう表現した。資本とは創業家、突き詰めれば伊藤のこと。経営とは鈴木自身を指す。それこそが、鈴木が半生を賭けて守り抜いてきた〝雇われ社長〟としての矜持だからだ。

「伊藤さんは、僕がやることに『いいよ』と言うことはほとんどなくて、反対ばかり。伊藤さんだったら、コンビニなんかやらなかったでしょうね。絶対に」

「もちろん、僕はずっと自分を無くそうと努力してきた。だから、伊藤さんも僕をずっと使ってこられたのだと思う。それに、僕のやってきたことは、幸いにして成功してきたから、伊藤さんは僕を追認し、一切を任せてきた」

その姿勢は、鈴木が1963年、まだ5店舗しかなかったイトーヨーカ堂に東京出版販売（現トーハン）から転職して以来、ずっと守ってきたものだ。オーナーには「無私」の態度で接しつつ、新たな仕事に挑戦し、成功して信頼を得る。しかも鈴木は他人の反論を許さないほど理詰めで考え抜き、強烈なトップダウンで実行する。

「発想というものは、他人の意見を聞くことじゃないんだと、自分の人生を振り返ってみて僕は思う。もし、コンサルタントや学者などの意見を聞いていたら、今日はなかったと思うよ。経営に集団指導体制なんて、基本的にあり得ない。必要なのは、ボトムアップではなくてリーダーシップですよ」

この鈴木の矜持が、セブン＆アイを売上高で10兆円（コンビニエンスストア加盟店の売上高含む）を超える巨大グループに成長させていったのである。

「おだてるつもりで言っていたんだろうと思うけれど、伊藤さんは『おまえの方が俺より頭がいいよな』ということを、しょっちゅう言っていた」

ヨーカ堂に入った鈴木は、「営業以外のほとんどを担当し、仕事の貫徹だけを考えてきた」と振り返る。会社のために仕事をすることは、「伊藤のため」とほぼ同義だった。

「だって、僕がヨーカ堂を始めたわけじゃないものね」

## 「悔いは残らない」

だが、創業家との関係が変化し始めたことを、鈴木は人事案を巡る混乱で感じたようだ。退任を表明した記者会見で創業家について「世代が変わった」と述べるにとどめ、詳細は今も語らない。鈴木の側近らによれば、高齢の伊藤に代わり、子供の世代が資産管理などで実権を握るようになったのだという。

「もう嫌になってしまってね。僕は潔癖性だから」

もし創業家の会社との関わり方が変わらなければ、経営から退く決断はしていなかったのかもしれない。

「今回の件がなかったら、なかなか辞めるチャンスがなかった。いいきっかけでした。だから、悔いが残るということはないんだよね。自分で辞めると言ったのであって、辞めさせられたわけじゃないのだから」

鈴木が生み出したコンビニは、小売りの枠組みを超えて日々の生活を支えるインフラとして根付いている。日本人の生活を変えた鈴木の経営手腕については、既に多くが語られてきた。

だが、退任した今だから語れる物語がある。変化に挑み続けた鈴木敏文の率直な語りをもとに、巨大流通コングロマリットに君臨した孤高の経営者の人生を、新たに読み解いていく。

# 2節 「中内さんの下だったら、1年で辞めた」

鈴木敏文が、セブン&アイ・ホールディングスの前身であるイトーヨーカ堂に入社したのは1963年。東京五輪開催の前年で、世界初の人口1000万都市となった東京では、猛烈な勢いで消費が拡大していた。

「価格決定権はメーカーではなく消費者が握るべきだ」。こう宣言して〝流通革命〟の実現を目指したダイエーの中内㓛が、初めて東京に出店したのもこの頃である。

東京では、新しい消費の胎動も始まっていた。西武グループの総帥、堤康次郎が急死。息子の堤清二が西武百貨店を継ぎ、後に渋谷のパルコなど文化発信拠点を設け、生活総合産業として成長することになるセゾングループ形成への第一歩を踏み出そうとしていた。

ダイエーの中内、セゾンの堤……。流通業界の偉人たちが頭角を現し始めたまさにその時に、鈴木は東京のローカルスーパーにすぎなかったヨーカ堂に足を踏み入れた。

それは全くの偶然だった。

「小売業へ入ろうという気持ちはさらさらなかった。僕は、ヨーカ堂なんて名前も知らないし、スーパーなんて全然分からなかった」

「トーハンの仕事の関係で知り合った作家の大宅壮一さんたちとテレビの業界で仕事をしようと思って、プロダクションを作るためのスポンサー探しをしていた時、たまたま友人からヨーカ堂を紹介されてね。うちに来ればスポンサーになってくれるというから、ヨーカ堂に入ったんです。ところが、働き始めると、そういう話がなくなっていた。これはペテンにかかったなと。でも、すぐに辞めるのはしゃくに障るし、自分のプライドが許さないから、我慢していたというのが正直なところです」

望んで始めた仕事ではなかったが、鈴木にとっては格好の自己実現の場がそこにあった。プロダクション設立の夢は破れたものの、別の形で鈴木の事業欲を満たしてくれるスポンサーがいたからだ。創業者・伊藤雅俊（現名誉会長）である。

## 「伊藤さんは我慢強い」

「僕が仮に中内さんや堤さんの下にいたら、きっと1年ももたずに辞めていたよ。2人とも強烈なリーダーシップで引っ張っていた。だから、自分には合わず、クビになっていたと思う。だって、こうした方がいいとか、ああした方がいいとか、大経営者に若造が言ったら、そうなるでしょう」

「中内さんは社外からいろいろな経営者を連れてきましたよね。味の素の鳥羽さん（注1）とか、ヤマハの河島さん（注2）とか。堤さんも、坂倉さん（注3）を連れてきた。でも、みんな切っちゃった」

中内も堤も、強烈な個性とトップダウンのリーダーシップを持ち合わせていた。しかも、創業家であり会社のオーナーとして、絶対的な権力を振るった。だが、創業オーナーでありながら、伊藤のリーダーシップは、中内や堤のそれとは異なっていた。

「伊藤さんは、中内さんや堤さんと全然違う。伊藤さんは我慢強いんですよ。まあ、慎重という表現もできるよね。例えば、伊藤さんは、僕がコンビニエンスストアをやると言った時も、アメリカのセブンイレブンを買うと言った時も反対だった。中国進出も銀行設立もね。何事にも反対したのは、性格ですよ」

「それでも、反対されたことを僕が何とかものにしてきたから、割合と意見を聞いてくれるようになった。この範囲までやってダメだったら諦めますと、きちっと宣言するわけ。

イトーヨーカ堂創業者・伊藤雅俊氏（左）と、ダイエーの中内㓛氏（中央、故人）、セゾングループの堤清二氏（右、故人）

そうすると、じゃあ、まあ、となるんだ」

「伊藤さんだって、もっと勇気があれば僕なんかクビにしていたんじゃないの（笑）。僕も自分の意見が通らなければ辞める覚悟は常にあった。信頼してくれたかは分からないけど、自分はそう考えていた。格好よく言っちゃうと、自分を賭けていたからね」

## 「金銭感覚は一致していた」

伊藤が、鈴木の意見にどこまで本心で反対していたのかは定かではない。コンビニ進出など鈴木の大胆な提案に常に慎重な姿勢を見せていた伊藤の性格を、「優柔不断」と評する向きもある。

だが、そこに伊藤のオーナーとしてのしたたかさがあるという関係者もいる。自ら「決めない」ことで鈴木をたき付け、リーダーとして育ててきたという見方もできるからだ。日経ビジネス1996年9月30日号で、伊藤はインタビューに次のように答えている。

「彼（鈴木）の方が素晴らしいんじゃないの？（中略）僕はどっちかというと情の方だから、ああいうもの（改革など）をやるとぐずってしまう。（中略）（鈴木とは）性格が相反するものが許容できていることがいいのです。まあ、僕はオーナーですよ。創業者ですよ」

鈴木は、自己実現の欲求を満たすために、そして伊藤はオーナーとして自らの資産を守るため、互いを利用し合ったと言える。この2人の〝トップ〟が牽制し合うエネルギーとバランスが、1人の絶対権力者が君臨したダイエーやセゾンにはなかった、バブル崩壊などの変化を生き抜く強さをもたらした。

鈴木の伊藤評は、革新に挑む自らの姿とは対照的に、保守的で慎重な存在として語られる。ただし、2人が共有する価値観もあった。それが金銭感覚と真面目さだ。鈴木は伊藤の金銭感覚について、次のように評する。

「中内さんや堤さんには、銀行をフルに使おうという考え方があった。例えば堤さんは、あれだけ文化から商売まで精通した人はほかにいない。本当に珍しい人だと思いますよ。

だけど、もし一つ欠点があるとしたら、お金というものが自由になると考えていたふしがあるところかな」

「伊藤さんが偉いところは、借りたものは必ず返さなくちゃいけないという金銭感覚を持っていた。無理な融資に依存することはなかった。それは、僕の考えとも一致していた」

そして、社風についてはこうだ。

「伊藤さんの良さは、真面目さなんだ。真面目にやれとか、商道徳みたいなことを言っていた。今、うちの社風が真面目なのは、伊藤さんから引き継いだものです。僕もどちらかというと、そういうことに賛同してきていたから」

この金銭感覚と真面目な社風が、セブン-イレブン・ジャパンを誕生させ、ライバルチェーンを寄せ付けない鉄の結束力をもった強靭な事業構造を生み出す基礎となった。

注1＝鳥羽董：1989〜1995年味の素社長。1999〜2000年ダイエー社長

注2＝河島博：1977〜1980年日本楽器製造（現ヤマハ）社長。1982年ダイエー副社長、1997年同副会長を退任

注3＝坂倉芳明：1973年三越常務を退任。1974年西武百貨店副社長、1977年同社長、1984年三越復帰、1986年同社長

# 3節 「お金がなかったから、強くなった」

「鈴木（敏文）会長（現名誉顧問）とは、43年前から一緒にやってきました。鈴木会長のおかげで、大変大きな成果を上げることができました。本当にありがとうございました」

２０１６年5月26日、セブン&アイ・ホールディングスの本社で開かれた株主総会で、セブンイレブン1号店のオーナー山本憲司は、涙ながらに感謝の言葉を鈴木に伝えた。鈴木にとっても山本は恩人だ。山本がオーナーになりたいと手を挙げたところから、セブン-イレブン・ジャパンの成功が始まったからだ。

「山本さんは自分からオーナーになりたいと申し込んできた。新聞にイトーヨーカ堂がコンビニエンスストアをやるという話が載って、それを見てね」

「みんなは（直営の）実験店を作るべきだと言ったんだけど、僕は初めから山本さんのような商店と一緒にやるつもりだった。山本さんの家に上がり込んで、いろいろ話して僕は言ったの。もし3年でうまくいかなかったら、元通りにこちらで直しますから、店作りをすべて仕切らせてほしいと」

鈴木が、弱冠24歳だった山本と組んだ背景には、当時問題となっていた大型店と小型店の軋轢《あつれき》があった。1号店をオープンした1974年には、大型店の出店を規制する大規模小売店舗法（旧大店法）が施行。だからこそ、鈴木は「大型店と小型店の共存共栄」という大義名分を旗印にしたのである。

だが、そこにもう一つ、別の事情があったと鈴木は打ち明ける。

## 1号店からFCで投資を抑制

「当時、ヨーカ堂は1年に10店舗も出店していて、お金がなくて汲々《きゅうきゅう》としていたんです。しっかりとした金融機関のバックもなく、そんなにお金を出せず、直営のコンビニ展開は難しい。自分でもそれを分かっていた。じゃあどうするかと。商店街の酒屋さんと組むしかない。ロイヤルティーを払っていただくフランチャイズチェーン（FC）形式でね」

FC加盟希望者が持っている店舗を活用できるので、鈴木たち経営側は投資が少なくて済む。鈴木には、創業者の伊藤雅俊などの反対を押し切って事業を始めた手前、資金面で過度に頼れないという思いがあった。1店目でも直営で出すわけにはいかなかった。「だから、1号店を出す前に10人ほどいた幹部を前に、『史上最短で上場会社を作る』と宣言したんです。そうして資金調達の道を開くしかなかった。みんなに大笑いされたよ」

だが、鈴木はその目標を達成する。1979年、会社設立6年でセブンイレブンは当時として史上最短の上場(東証二部)を果たしたのである。

鈴木が描いたFC方式による小型店戦略は、流通業界に革新をもたらした。創業者の伊藤が信条としてきた「持たざる経営」を極めたのである。

中内㓛が率いるダイエーに象徴されるように、当時は借り入れに頼って不動産を取得し、上昇する資産価値を担保に積極出店を続けるスーパーや百貨店が多かった。一方、伊藤はリース方式でヨーカ堂を出店することで初期投資を抑え、高収益の財務体質を築いた。

こうした伊藤流の持たざる経営を継承して、鈴木が作ったセブンイレブンは、さらに身軽だ。FCによる店舗運営はもちろんだが、在庫管理や商品開発まで、外部の経営資源を徹底的に活用する事業モデルを確立したのだ。

出店については、当初は酒類販売免許を持ち、手堅い売り上げが見込める酒販店に狙いを定めて加盟店に勧誘。費用を抑えつつ出店を加速した。本家の米セブンイレブンで直営

セブン-イレブン・ジャパン（当時ヨークセブン）が出店した1号店。中央がオーナーの山本憲司氏、その右奥が鈴木敏文氏、左から3人目が伊藤雅俊氏

店の方が多かったのとは対照的だ。ダイエーのローソン、西友のファミリーマートもほぼ同時期に実験店を始めたものの、当初、出店形態は直営だった。両社ともに本格的なFC展開は遅れた。

小売業にとって最大の課題である在庫のリスクもヘッジした。加盟店自らが商品を発注し、加盟店が在庫責任は持つという原則を徹底したのである。

米セブンイレブンでは、一部の商品を除き、メーカーや卸が各店舗で売れたものを補充し、売れ残ったら回収していた。鈴木は、「日本でも最初はそれをやらざるを得なかったけど、これじゃダメだとすぐに気が付いた」と話す。

物流も自前では持たなかった。複数メーカーに対して、競合商品を一緒に運ぶ共同配送を受け入れさせ、卸らが共同配送センターを設置した。

さらに、弁当やPB（プライベートブランド）など、コンビニの生命線である商品開発でも、食品メーカーや商社などの協力企業が技術やノウハウを持ち寄り、セブンイレブンと共同で作り上げる「チームMD（マーチャンダイジング）」という手法を確立した。

「弁当にしても何にしても、（協業相手には）資本参加しないでお互いの信用によって成り立つやり方でやってきたわけ。例えば、中内さんには資本参加してグループ化しようという考えがあったでしょう。僕は、商品はお店で発注してくださいよ、発注したものには責任を取ってくださいよというFCビジネスを作り上げてきたわけでね」

## 鈴木流で「流通革命」を完成

在庫責任を店舗が持てば、各店舗は顧客の嗜好に合わせてきめ細かく商品を発注する。小型店一つの発注量は少なくても、それらを大量に束ねた「消費者の総意」を背景に、鈴木は名だたるメーカーを動かす大きな力を手にしていった。

それは、メーカー主導ではない消費者主権の経済を目指して、中内が掲げた「流通革命」を、全く異なる手法で成し遂げたともいえる。中内は自前で大型店を大量出店することでメーカーと対峙した。鈴木は、FC方式で小型店を組織し、メーカーを「対立」する相手ではなく「チーム」として取り込んだ。

鈴木を古くから知る伊藤忠食品社長の濱口泰三は、「かつて流通は、メーカーに『バイイングパワー』で挑もうとしたが、鈴木さんは『チームMD』で向き合った」と話す。ある大手スーパー首脳は、「結果的に流通革命を完成させたのは鈴木さんだと思う」と言う。

もちろん、セブンイレブンの成功は、鈴木の先見性だけによってもたらされたものではない。当初、米セブンイレブンの基本だった直営店方式による出店計画を現場が進めていたところに、東京都江東区の豊洲で酒屋を営んでいた山本がオーナーとして名乗りを上げたことで、急きょFC方式に転換したのは、確かに鈴木の英断だった。この政策転換がなければ、加速度的な出店は不可能だった。米国になかったおにぎりや弁当などの「中食」の品揃えに注力することを決めたのも鈴木だし、共同配送を推進したのも鈴木だった。

それでも、これらの鈴木の斬新な発想を日々の事業運営の面で支えたのは、米国のノウハウによるところが実は大きかった。創業当時の状況を知る関係者は、こう打ち明ける。

「経営者としての鈴木さんの立場からすると、『米国から学ぶことはなかった』ということになるのかもしれない。もちろん、具体的な品揃えや出店、物流などについては、日本とアメリカでは市場特性があまりにも違い、参考にはならなかった。しかし、実務レベルでは、アメリカから学んだノウハウは欠かせなかった」

その最たるものが、FCの本部と加盟店オーナーで利益を分配する方法、つまりロイヤルティーに関する考え方だ。当時、外食チェーンなどのFCで一般的だったロイヤルティーは、加盟店の売上高に対する歩合制だった。だが、セブンイレブンは当初から、売上高に対する歩合ではなく、本部と加盟店で粗利を分配する方式を採用。それは、米セブンイレブンに学んだ、本部と加盟店が事業を共同経営するという「思想」だった。

電気代などの経費についても、本部と加盟店が分担した。「加盟店の都合で勝手に節約のために電気を消されても困るし、勝手に値下げ販売されては本部が得たであろう利益も減ってしまう。そうならないようにする仕組みは、アメリカ譲りだった」（前述の関係者）。

そうした米国のノウハウに、おにぎりや弁当などで廃棄が出たらロスは加盟店が負担するような、日本独自の仕組みも加えていった。鈴木流の経営は、こうした米国発のFCの思想があってこそ、その威力を増していったと言えるだろう。

会社としてのヨーカ堂の存在も、鈴木流の経営には不可欠だったとの見方もある。創業間もないセブンイレブンは店舗数が少ない上に、店舗が小さく、問屋からすれば取引は非効率で、積極的に組みたい相手ではなかった。それでもセブンイレブンの店舗の棚に商品が揃ったのは、ヨーカ堂の取引先がセブンイレブンを渋々ながらも支援したからだ。

そして、ヨーカ堂が東京発祥のスーパーであり、セブンイレブンも必然的に東京から事業を広げていったことが、その後の成長のカギとなった。東京という巨大な消費地の中にいなければ、限られた地域に出店を集中する、いわゆる「ドミナント戦略」は機能しなかっただろう。物流効率などを考え、鈴木は当初、「江東区から一歩も出るな」と店舗開拓の担当者に指示を出したという。その成功体験が、中長期に渡って収益性の高い出店を続ける基礎になった。

鈴木は、コンビニについて「中内さんをはじめ、そんなもの日本で根付くはずはないと言っていた。大学のマーケティング教授なんかも誰一人として賛成しなかった」と笑う。

だが、鈴木が根付かせたコンビニは、今や全国で5万店を超え、「コンビニ飽和論」も囁かれるほど普及した。社会インフラとまで言われるように、日々の生活に欠くことのできない存在になれたのは、なぜなのか。

# 4節「業界のことなんて、何も知らない」

２０１６年７月のある日、ホテルニューオータニにある鈴木敏文の執務室を、東北地盤の食品スーパー、ヨークベニマル会長の大髙善興が訪れた。大髙はセブン＆アイ・ホールディングス傘下でＰＢ（プライベートブランド）「セブンプレミアム」を推進してきた中心人物だ。

「ベニマルの大髙さんがここへ来てね。セブンプレミアムの売上高が１兆円になったから、そろそろ『部』を作りたいと。僕は、ダメだと言ったわけ。部にしたら、今やっていることの延長でしか物事を考えなくなる。部にしないで、常に人を入れ替えて、新鮮な気持ちで開発を続けた方がいいとね」

セブンプレミアムは２００７年に最初の商品が発売されて以降、セブンイレブンの強い商品力の象徴となっている。２０１７年２月期には売上高で１兆２０００億円、アイテム数は3650点を見込む規模に拡大している。

だが当初、グループ内では、競合するスーパーに対抗して「安さ」を売りにするPBの開発が提案された。これに対し鈴木は、「質」にこだわり、セブン&アイ傘下のスーパーのみならず、コンビニエンスストアや百貨店などグループ横断的に同じ価格で販売できる共通商品としてのPBの開発を指示した。

「これまでのPBはアメリカでもヨーロッパでも安さを実現するためのものだった。でも、時代は変わっているのに、過去と同じことをやろうとしてはダメだ。何事についても、5年先、10年先の変化を予測し、今から何をしなくちゃいけないかということを考えろと。セブンプレミアムでも、最初はスーパーは安くないと売れないとか、百貨店はコンビニやスーパーと同じものは扱えないとか、みんな無理だと言ったけど、いいものだったら必ず売れる。そう確信したから、今がある」

「セブンプレミアムの開発は、スーパーからもデパートからもコンビニからも商品部がそれぞれ人を出して、混成チームでやりなさいと言ってきた。要するに、油断しちゃいけないってことよ」

PB開発のための専門の部署を作ると、組織に安住して、仕事が硬直的になる――。鈴木はこう信じている。

## 素人集団だからできた変化対応

鈴木が、半生を賭けて社員に浸透させてきた行動原理が「変化対応」だ。消費者視点で物事を考えるという原理原則に立ち、時代の変化に合わせて事業や商品のあり方を変え続けることを指す。

自らレジを打ったこともなく、商品の仕入れも担当したことがないと公言する鈴木は、セブン‐イレブン・ジャパン（当時ヨークセブン）の創業期、あえて小売り経験のない社員を好んで採用していたという。「素人」ならば、従来の常識にとらわれにくい。セブンプレミアム事業の「部」への〝昇格〟に難色を示したのも、PBの「素人」ではなく「専門家」になることを危惧したからだ。

この鈴木の姿勢は、1973年のセブンイレブン創業時からぶれていない。1977年に入社し、2002年に退社するまでオペレーション本部長や商品本部長などを歴任した池田勝彦は、成長が続く中でも社内には常に危機感があったという。「店舗が小さく、品

鈴木氏が周囲の反対を押し切って始めたPB「セブンプレミアム」

揃えに限りがあるから、少しでも消費者の嗜好とずれると、途端に客足が遠のく怖さがあった。逆に言えば、店が小さいからこそ、機敏に変わり続けることもできる。鈴木さんは細かいことは言わないが、妥協を一切許さない。現場は必死に考えて組織全体が強くなった」

鈴木が語る。

「コンビニというものが、未来永劫続くためには、どういう意識を持ち続けなければならないか。まずは食べ物を中心とした商品で、どんどん新しいものを出していかなくちゃいけない。だけどそれだけじゃなくて、もっと社会的な役割というものを付加していかなくてはいけない」

「そのためには、過去の常識にとらわれていたらいけない。それを社員に説得して分からせるのが僕の仕事だと思ってきた。うん、そうだな、しょうがないなと言っていたらダメなんです」

## 「便利」にこだわり銀行設立

鈴木の号令で根付いたコンビニの社会的役割の一つに、銀行機能がある。２００１年にアイワイバンク銀行（現セブン銀行）を設立。24時間営業しているコンビニ店舗で、いつでも現金を引き出せるようになった。

「銀行設立なんか一番いい例でしょう。当時、銀行は午後3時で閉まっていた。だから不便だよね。昔と違って、今のサラリーマンは時間の融通が利かないから」

「僕は、銀行のことなんか何も知らない。お金をＡＴＭで下ろしたこともないくらい。だけど、コンビニにＡＴＭを置いて、夜中でもお金の出し入れができたら便利だということは分かる。弁当を売るだけがコンビニじゃない」

「特に金融機関の人たちからは、『銀行なんて簡単にできるものじゃない』と言われた。

セブン銀行（設立当時はアイワイバンク銀行）は、業界の慣習にとらわれない鈴木氏の「素人感覚」が成功のきっかけとなった

メーンバンクの頭取がわざわざ見えて、『私たちがついているのに、あなたたちに失敗させるわけにはいかない。おやめになった方がいい』と言うから、あ、そうでございますか、ありがとうございます、と言って帰っていただいた」

鈴木による銀行設立は異例ずくめだった。流通業による銀行業への参入という事実に加え、当初はＡＴＭでの出入金にサービスを特化。その手数料だけを収益源とし、通帳は発行しない。銀行の本業とされている融資事業は、２０１０年のカードローン参入からだ。

従来の常識からは、銀行として事業が成り立つとは考えにくかった。だが、鈴木には勝算があったと言う。

「当時、ATMの機械は1台800万円ほどしていた。それを、常に店舗内に設置することで防犯にかけるコストを減らし、NECに1台200万円程度で作っていただいた」

「イニシャルコストが、従来とは全く違う。1台当たりの取引件数が1日70件ほどになれば必ず採算に乗るはずだと。考えたことは、単純なんですよ」

食品や日用品の販売だけではなく、公共料金の収納代行やATMなど、日々の生活に欠くことのできないサービスを、コンビニは次々と取り込んできた。その多くを初めて実現させた鈴木は、もう一つ、これからのコンビニが進むべき道筋を示している。それが、いわゆる「オムニチャネル」のインフラとしての機能を追加することだ。

消費者がインターネット通販で購入した商品をコンビニ店頭で受け取れるようにすると同時に、ネットを使ってスーパーや百貨店などグループ傘下の事業との相乗効果を高めることを狙う。

だが、経営から退いた鈴木は、そのビジョンを自らの手で実現させることは、もはやできない。

# 5節 「コンビニは終わっていない」

鈴木敏文からセブン&アイ・ホールディングスの経営を引き継いだ井阪隆一ら新経営陣が、「100日プラン」と題して策定した改革案の中で、「抜本的な見直し」を検討している事業がある。鈴木の肝煎りで始まった、いわゆる「オムニチャネル戦略」だ。

セブン&アイ・グループ傘下の商品をインターネットで注文し、セブンイレブン店舗などで受け取れるようにするものである。コンビニエンスストア加盟店の売り上げを伸ばすと同時に、スーパーや百貨店などグループ傘下の事業との相乗効果を高めることを目指す。

鈴木はこのオムニチャネル戦略に、セブン&アイの今後の成長を託していた。何より、それがネットやスマートフォンの普及によって劇的に変化した、消費者の購買行動に寄り添うことになると考えていた。

「日本では、同じ人がデパートにもスーパーにも、コンビニにもディスカウントストアにも行く習性がある。そうだから、ネットとリアルの融合ということは、(2005年に)

ホールディングス(持ち株会社)を作る前から考えていた。そういうことをずっと社内で言ってきたのです。そのためには、いろんな業態、業種を持つことが必要だと」

だが、セブン&アイ会長兼CEO(最高経営責任者)の座から降りた鈴木は、もうそのビジョンを自らの手で最後まで実現させることはできない。2015年11月には、オムニチャネル戦略の第一歩となるネット通販サイト「omni7(オムニセブン)」を立ち上げているものの、攻勢を強めるネット通販専業のアマゾンジャパンなどに対して苦戦を強いられている。

## 「コンビニでトラックだって売れる」

コンビニの店舗数は国内で5万を超え、店舗間の競争激化で成長力が鈍ることを懸念する声が加盟店のオーナーたちから漏れている。セブンイレブンの既存店売上高は、2016年8月まで49カ月連続で前年同月を上回ってきた。それでも、消費低迷が長引く中で、社内にはその記録が途絶えることへの危機感がある。限界を打破する一つの有力な手段として、鈴木はオムニチャネル戦略を進めようとしていた。その行方は、自らの手の届かぬところにあり、鈴木はいら立ちを隠さない。

「（市場が飽和し）コンビニの時代が終わったと言われるでしょう。スーパーやデパートがそうだったように。でも、そんなこと誰が決めたんだ。そういうことは、コンビニというものに対する知識を持っていない人が言うんだよな。今の姿しか見ていないんだ」

「セブンイレブンがここで落ちたら、業界が全部落ちるよ。コンビニ参入も銀行設立も、セブンプレミアムの開発も、みんな無理だと言った。オムニチャネルだって今、みんなが否定している。だけど、それを可能なんだ、突破するんだ、自分はやるんだと、そう思わないでどうするの」

「僕は最近、トラックだってセブンイレブンで売れればいいじゃないかと言っているんです。セブンイレブンに来れば、トラックや乗用車だって選べて注文できるだろう。それくらい言わないと、みんなオムニチャネルを単なる通信販売だとしか考えない」

自宅からネット購入するほか、店舗にも通販の端末を置いてコンビニの品揃えを無限に広げるという考え方だ。商品の受け取りのほか、消費者宅への配送拠点にもなり得る。

このため既にローソンやファミリーマートは店舗網をネット通販の「共通インフラ」と位置付け、アマゾンや楽天の商品を受け取れるようにするなど、他社との連携を強化して

2015年に衣料品ブランド「セット プルミエ」に参加したジャンポール・ゴルチエ氏(右)

いる。

一方、鈴木はこうした考えから一線を画してきた。

「今あるネット通販のやり方のままだったら、すぐに行き詰まる。多くのネット通販会社なんか、実態は物流会社みたいなものでしょう」

「もちろん、成長するためには利益を下支えする仕組みもいるから、ある程度の(インフラを他社に開放する)オープン戦略も必要ですよ。ユニクロの商品をコンビニで受け取れるようにしたのも、そのためです。ただ、あくまでもそれが主ではない。最初から〝乗り合いバス〟じゃないんだよ」

「オムニチャネルとは、新しい商品を作っ

て、リアルとネットの両方で売ること。そうすれば、マーチャンダイジングの規模は大きくなる。オムニチャネルの基本は、マーチャンダイジング、要するに商品開発なんです」

セブンイレブンが成功できたのは、弁当や総菜など最初から独自商品を開発してきたことが大きい。鈴木はオムニチャネル戦略でもそこに、競争力の源泉を見る。

「極端なことを言えば、新しいものならぞうきんを作ってもいいんだ。リアルであまり売れなくても、ネットで売れるようにすればいい。オムニチャネルをネットビジネスだと考えたら、既にアマゾンがいるじゃないか。同じ商品を売ってもダメ。大切なのは、商品の希少価値を提供すること。それは、アマゾンは絶対にまねできないからね」

## 「きちっとやってくれるかどうか」

足元の現実は厳しい。オムニチャネル戦略とほぼ同時に始まった、著名デザイナーと衣料品を共同開発する「SEPT PREMIÈRES（セットプルミエ）」プロジェクト。2016年8月から高田賢三との共同企画商品の販売が始まったが、2015年10月から発売を始めた第1弾のジャンポール・ゴルチエとの共同企画商品の販売は苦戦した。

社内からは、「なぜ、オムニチャネル戦略がうまくいかないのか。新体制の下で一度、総括して再出発しなければならない」という声も聞こえてくる。かつてのように、鈴木のビジョンを忠実に実行する組織体制もない。

これまで、オムニチャネル戦略を推進してきたのは、鈴木の次男で取締役の康弘だったが、新体制では副社長の後藤克弘が指揮を執る。商品開発力の強化のために相次ぐM&A(合併・買収)でコングロマリットになったグループ経営は、不採算事業の再建に向けて事業の整理に舵を切り始めた。

鈴木も、「今は全部が軌道に乗っているわけじゃない」と認める。その半面、「そういうことに少しずつ慣らしていかなければならない」と、自ら描いた方向性に間違いはないと譲らない。だが、こうも付け加える。

「みんながきちっとやってくれるかどうかはともかくとして……」

そのさりげない一言に、孤高を貫いてきた鈴木の複雑な感情がにじむ。

# 6節 「百貨店はもっと商品力あるかと思った」

「これは僕の不勉強なんだけど、百貨店はもうちょっと商品に明るいと思っていたんだよ」

鈴木敏文は、2006年にセブン&アイ・ホールディングスが買収した百貨店、そごう・西武（当時ミレニアムリテイリング）について、誤算もあったことを打ち明ける。

2016年8月2日、セブン&アイは西武八尾店、西武筑波店の2店を2017年2月末までに閉鎖、希望退職も実施すると発表した。2016年春には、そごう柏店と西武旭川店を同年9月末までに閉鎖すると公表していたが、セブン&アイ社長の井阪隆一ら現経営陣はリストラをさらに踏み込んだ。

2016年10月6日には、阪急百貨店や阪神百貨店を展開するエイチ・ツー・オーリテイリング（H2O）と資本業務提携を発表。そごう・西武が展開する百貨店のうち、関西にあるそごう神戸店とそごう西神店、西武高槻店の3店舗を、H2Oに譲渡。東京都心の旗艦店舗に経営資源を集中することで、業績を立て直すと表明した。

背景にあるのは、百貨店業界全体の地盤沈下だ。高級なイメージで消費者をつかめた時代は終わり、大手アパレルなどへの「場所貸し」に依存してきた弊害が顕著になっている。百貨店社内には、商品開発のノウハウや人材が乏しいのだ。一方、ユニクロのようなSPA（製造小売り）が力を増し、百貨店離れが止まらない。こうした百貨店の病巣は、買収時点で鈴木が考えていたよりも、根深かったのだろう。

そごう・西武の買収は、グループが持ち株会社体制に移行した翌年の2006年のこと。本格的なコングロマリット化に向けた最初の大型買収だ。最終的な買収金額は約2400億円と見られ、社内外で試算されていた価格を大幅に上回ったが、「別に汲々《きゅうきゅう》として買収したわけじゃないから金額は特に問題ではなかった」と鈴木は振り返る。

## 相次ぐ買収、商品力を重視

ある幹部は、「鈴木さんも伊藤（雅俊、創業者で現名誉会長）さんも、小売業の経営者として百貨店に憧れがあり、何としても欲しかったのではないか」と見る。ダイエー創業者の中内㓛がそうだったように。鈴木は、「そういう思いとは必ずしも一致しないけれど、要するに商品の上質化、商品開発力の強化を期待したんです」と話す。実際、そごう・西武で開発した商品を使って、グループ内で相乗効果を出そうと、試行錯誤を続けてきた。

その一つが、そごう・西武が2009年に立ち上げた衣料品のPB（プライベートブランド）「リミテッドエディション」だ。百貨店としては手頃な価格に設定し、幅広い顧客の取り込みを狙った。相乗効果を狙い、イトーヨーカ堂とも共同開発などで連携し始めた。

だが、ヨーカ堂が2015年の秋冬向けに発注した同ブランドのワイシャツは、発注数量に対して売れたのは3分の1にも満たなかった。

商品開発力を強化する鈴木のこだわりは、衣料品にとどまらない。インターネットを使って複数業態の相乗効果を追求する「オムニチャネル戦略」という考えを取り入れてからは、ネット上でグループ傘下の企業が開発した多様な独自商品を販売する構想を打ち出した。そのビジョンを実現するため、さらなる買収が進められた。

2013年には、カタログ通販のニッセンホールディングスや、生活雑貨店「フランフラン」を持つバルスと資本業務提携。2015年には、セレクトショップのバーニーズジャパンを完全子会社化した。

そして、相次ぐ買収と並行して、オムニチャネル戦略の推進役として重要ポストを駆け

●セブン&アイ・ホールディングスの主なM&A

| | |
|---|---|
| 2006年 | そごう、西武百貨店を傘下に持つミレニアムリテイリングを完全子会社化 |
| 2007 | ミレニアムリテイリングがロフトを完全子会社化。イトーヨーカ堂が赤ちゃん本舗を子会社化 |
| 2009 | ぴあと資本業務提携 |
| 2010 | タワーレコードに資本参加 |
| 2013 | ニッセンホールディングスと資本業務提携。天満屋ストアと資本提携。バルスと資本業務提携 |
| 2015 | バーニーズジャパンを完全子会社化 |

傘下の百貨店や専門店で、不採算の店舗や事業の整理が始まっている。写真は2016年9月末に閉鎖されたそごう柏店

上がっていったのが、鈴木の次男、康弘だった。

システムエンジニアの康弘は、富士通、ソフトバンクを経て、ソフトバンクがヤフー、トーハン、そしてセブン-イレブン・ジャパンと共に設立したネット通販会社の社長に2000年に就任。同社が2006年にセブン&アイ傘下に入ると、グループのITとネット事業で大きな役割を果たすようになる。

2014年には、康弘が社長を務めるネット事業会社が完全子会社化され、康弘は2015年にはセブン&アイの取締役に昇格した。

## 「世襲なんて考えたこともない」

オムニチャネルの推進に、康弘が深く関与し始めたことから、周囲は鈴木が康弘に世襲しようとしていると臆測した。鈴木は、こうした見方を否定する。「みんな、余計なことを考えてくれるんだ。次男坊がグループにいるのは、後を継がせるためだとか。そんなこと考えたこともない。もしその気なら、もっとそれなりのことをしますよ」。

一方、康弘は2016年春の日経ビジネスの取材に「いつの間に僕が後継者になったのか。僕だって絶対やりたくないと思っていた」と否定しつつ、次のように続けた。

「オムニを通して、グループを新しく変えていくべきだというのが、僕がグループに加わってからずっと提案してきたこと。そこに自分の役割があると思ってきた」

ある幹部は「2013年以降の買収の最優先事項はオムニチャネルの実現だった。幹部たちが考えて、オムニに必要なコンテンツや機能を集める。鈴木会長の了解を得て進めてきた」と打ち明ける。それが仮に周囲の忖度によるものだったとしても、鈴木のビジョンを実現するために、その担い手に康弘を据え、M&A（合併・買収）で基盤作りをしたかのような動きだった。

ただ、ここまでは成功とは言い難い。赤字が続き債務超過寸前に陥ったニッセンは２０１６年８月、事業の整理・縮小を進めるために、セブン＆アイの完全子会社となって上場を廃止する方針を発表した。出資したバルスと２０１５年２月、共同で立ち上げた生活雑貨店「ＢＯＮ ＢＯＮ ＨＯＭＥ（ボンボンホーム）」事業からも撤退を始めている。

企業価値向上を目指すならば不採算事業の整理は避けて通れない。ある古参の幹部は、「コンビニと銀行を除けば、ホールディングス（持ち株会社）にぶら下がっているのは、今後の成長が見込めない負の遺産ばかりだ」と嘆く。

２０１５年夏頃にセブン＆アイ株を取得した米投資ファンド、サード・ポイント代表のダニエル・ローブは、鈴木を含む当時の経営陣に、そごう・西武やバーニーズ、ニッセンなどの売却やリストラを求めていた。セブン＆アイの新経営陣の動きが鈍ければ、投資家からのプレッシャーは再び高まるだろう。

「投資家がいろいろ言おうが、関係ない。投資家の目を気にしすぎる風潮が世間に広がっているのは、新しい時代に挑戦するという自信を経営者が持っていないからですよ」

あくまでも信念を貫き通すのが、鈴木が「孤高」たるゆえんなのだが、その陰で少なからず積み上がった負の遺産の整理は、鈴木自身の手では難しかったのかもしれない。

# 7節 「米セブン買収、再建に自信あった」

２０１５年、鈴木敏文によって封印された、ある社内の動きがあった。セブンイレブンの本家、米国のセブン-イレブン・インク（ＳＥＩ）を上場させようという、一部の幹部による構想だ。ＳＥＩ株の一部を上場し、５０００億〜１兆円規模の資金を調達。コンビニエンスストア店舗の拡大余地が大きい米国で、さらなる成長投資に振り向けるという青写真が描かれていた。

この構想について鈴木は、「現地の連中とか何かは、上場したいと思っていたし、そうした構想もあったけど、やめた方がいいと判断した」と打ち明ける。ＳＥＩは純利益で４５０億円程度を稼ぎ出し、セブン＆アイにとって虎の子の事業。上場すれば、ＳＥＩの利益がほかの株主に流出してしまうからだ。

イトーヨーカ堂などセブンイレブン関連以外の事業会社が業績不振に陥る中で、連結業績に与えるＳＥＩの貢献は少なくない。事実、井阪隆一らセブン＆アイの新経営陣は、

2016年10月に発表した中期経営戦略の中で、米国で競合チェーンをM&A（合併・買収）するなどして、SEIの成長を加速させる考えを示した。今後、日本のコンビニ事業のみならず、SEIにも投資を集中させるとしている。

米国のコンビニ市場では合従連衡が相次いでおり、大手チェーンに集約される傾向が強まっている。米国のコンビニ店舗数は全体で12万店を超え、日本の倍以上。日本国内コンビニ市場は、過剰出店で飽和状態となり、今後は投資効率が悪化していくことが懸念されている。SEIの上場を検討した関係者には、米国は有望だが、投資を加速しないと、M&A競争や市場再編の流れに遅れをとるという危機感があった。

今でこそ、SEIはグループの稼ぎ頭の一つだが、ここに至る道のりは平坦ではなかった。SEI（当時サウスランド）は1990年に、多角化などの失敗から破綻。米連邦破産法第11条（チャプターイレブン）に基づく再生手続きに向けて、救済の手を差し伸べたのが鈴木だった。1991年、ヨーカ堂とセブン-イレブン・ジャパンは共同で、4億3000万ドルを投じてSEIの約7割の株式を取得した。

鈴木は、「セブンイレブンが米国で倒産したとなったら、日本もいずれそうなるのではと推測されるよね。それは避けたかった」と振り返る。そして、「彼らのやり方ではうまくいくはずないと思っていた。我々がやれば、再建できる。あの時も相当反対されたけど、自信があったから突っ走った」と続けた。

周囲が反対したのは当然だった。SEIは、当時の為替レートで5000億円規模の負債を抱えて倒産。一部は債権放棄されたものの、約4000億円の負債を引き継ぐことになったからだ。

買収に前向きな鈴木に対し、慎重な態度を崩さなかったのが、創業者の伊藤雅俊だった。

## ハリケーン・スズキがやってきた

1989年にSEIからハワイでの営業権を買収した際、米国本社への出資要請もあった。1990年1月から具体的な買収の検討に入ったが、同年夏にイラク大統領のサダム・フセインがクウェートに侵攻。伊藤は、売上高の4割以上をガソリンが占めていたSEIの業績に影響が及ぶことを懸念し、「買わないでおこうと言い出した」（当時の関係者）。

最終的には鈴木の熱意が伊藤の慎重さに勝ったが、伊藤は最後まで財布のひもを緩めな

●米セブンイレブンの創業から再建の歴史

| | |
|---|---|
| 1927年 | 米サウスランド、氷の販売店として創業 |
| 1946 | 店名を「7-Eleven」に変更 |
| 1973 | イトーヨーカ堂、サウスランドとライセンス契約。日本にヨークセブン（現セブン-イレブン・ジャパン=SEJ）設立 |
| 1987 | サウスランド、経営難で非上場化 |
| 1989 | SEJがサウスランドのハワイ事業の営業権を7500万ドルで取得 |
| 1991 | イトーヨーカ堂とSEJがサウスランドの株式の約7割を4億3000万ドルで取得 |
| 1993 | サウスランドが単年度黒字化 |
| 1999 | 社名をセブン-イレブン・インク（SEI）に |
| 2000 | イトーヨーカ堂とSEJがSEIに5億4000万ドルを追加出資。その後、SEIはニューヨーク証券取引所へ再上場 |
| 2005 | SEJがSEIを完全子会社化し上場廃止。経営陣を大幅に入れ替え |

米国のセブンイレブンはガソリンスタンド併設が多い。写真は最近の外観と接客の様子

かった。

伊藤は極力、出資を抑えて、経営努力で会社を再建することを鈴木らに求めた。その結果、買収後も巨額の負債が、再建の足かせになり続けた。金利負担が重く、利益が負債の返済へと消える。ヨーカ堂の信用力で借り換えを進めても、金利負担の削減効果は限定的だった。

SEI経営陣の「面従腹背」の態度も改革を遅らせた。鈴木は振り返る。

「もうお手上げだと助けを求めてきたのに、コンビニの元祖は自分たちだという意識が抜けない。しかも、自分たちで売っている商品を試食しているのかと聞くと、していないんだよね。それを当然だと思っていた」

「アメリカに行くたびに、そういうところがダメだと厳しく指摘すると、口では『はい、分かりました』と言うんだけど、言う通りに全然やらない。毎回怒鳴るものだから、『ハリケーン・スズキ』なんて呼ばれていたよ」

鈴木は、日本で培った「単品管理」や「共同配送」などの仕組みを米国に持ち込み、現地の消費者の生活習慣に合った商品やサービスを提供するよう、経営陣や従業員に意識改革を迫った。

「一番苦労したのは、ベンダーのルートセールス任せではなく、日本と同じように各店舗が自ら発注するように変えることだった。自社で持っていた巨大な物流センターもすべて売却させた」

幹部社員に熱心に説教をするさまは、現地社員から「スズキスクール」と表現されるほどだったという。こうしたテコ入れの成果もあり、SEIは買収の3年後に黒字化した。ただし、債務の返済は遅々として進んでいなかった。

実は、この財務面の苦境から脱するきっかけを作ったのが、当初は買収に慎重な姿勢を示した伊藤だった。2000年1月、伊藤は「私の目の黒いうちに立派な上場会社にしろ」と関係者に指示。大胆な資本の追加投入によって、再建を加速することを了承した。

伊藤はSEIの買収後、同社の会長として取締役会に鈴木らと共に出席していた。会議は鈴木が取り仕切り、伊藤は口を挟まなかったが、会社のオーナーとしての立場から、鈴木らの改革を支えていたのである。

## 「もう怒鳴ることはなくなった」

2000年春、ヨーカ堂とセブン-イレブン・ジャパンは5億4000万ドルをSEIに追加出資して、負債を圧縮。同年7月、SEIはナスダックからニューヨーク証券取引所に再上場し、2億ドル規模の公募増資も実施した。これらの財務施策で債務超過状態は解消され、格付けは2段階上昇。取引先への支払い期間を1週間から1〜2カ月に延ばすことなどが可能になった。

ただ、財務状況は改善しても、事業のやり方に鈴木はまだ満足していなかった。買収してから約10年間経営を担ってきた社長の首を、再上場の際にすげ替えたが、新たな経営陣も面従腹背の態度は変わらない。米エンロンなどの粉飾事件の影響で、上場企業は独立社外取締役の増員を求められるようになり、鈴木は思い通りに経営することができなくなりつつあった。

そこで2005年、セブン-イレブン・ジャパンは1000億円以上を投じてSEIに対してTOB（株式公開買い付け）を実施。完全子会社化すると同時に、社長を現在のジョセフ・デピントに代えるなど経営陣を抜本的に入れ替えた。SEIの再建にメドがつき、鈴木がようやく安堵したのはこの時からだ。

「社長をデピントにしてから僕は一度も怒鳴ったことがない。彼は、日本の言うことの方が正しいのに、それをやらなかった前社長に嫌気が差して、一度は会社を辞めていたんだ。彼を呼び戻して意思疎通ができるようになったからね」

デピントの下で鈴木の思想はSEIに浸透していくようになり、改革は加速。2012年頃には企業価値は1兆円を超えると試算されるほどに復活を遂げた。

鈴木は、「アメリカで倒産した大きな会社を再建した日本企業の事例は、セブンイレブンだけ」と誇らしげに言う。鈴木の哲学が、国境を越えて通用することを示したと言っても過言ではない。

一方で、35年近くをかけても、鈴木の思い通りにならなかった会社もある。イトーヨーカ堂だ。

# 8節 「やっぱりスーパーは米国の物まねだ」

「僕は、セブンイレブンを作った時に、まず部下に言ったことは、絶対にイトーヨーカ堂のまねをしてはいけないということでした」

鈴木敏文は、セブン-イレブン・ジャパンが成功した理由について、こう話す。確かに、セブンイレブンの成功は、従来の小売りの常識にとらわれず、愚直に素人感覚で消費者が求める商品やサービスを開発し続けた成果と言える。

一方、鈴木がセブンイレブン創業に当たり「反面教師」にしたというヨーカ堂の業績（単体）は、長らく低迷している。1993年2月期に営業利益で839億円を稼いだのをピークに、その後は右肩下がりで悪化してきた。2016年2月期には1972年の上場来初めて、約140億円の営業赤字に転落。不採算店の閉鎖と事業構造改革が待ったなしの状況に追い込まれている。

全く希望をしていなかったヨーカ堂に中途で入社した鈴木は、精力的に仕事をしながら

**●イトーヨーカ堂の歴史**

| | |
|---|---|
| 1958年 | ヨーカ堂(現イトーヨーカ堂)設立 |
| 1972 | 株式上場 |
| 1981 | 1981年2月期、経常利益で小売業トップに。その半年後、1982年2月期上期に創業以来初の減益となる |
| 1982 | 「業務改革委員会」発足、鈴木敏文が委員長に |
| 1992 | 総会屋への利益供与事件が発覚。創業者・伊藤雅俊が退任し、鈴木が社長に |
| 1993 | 1993年2月期の過去最高益を境に収益性悪化へ |
| 2005 | 持ち株会社セブン&アイ・ホールディングス誕生 |
| 2009 | 2010年2月期、上期に初の営業赤字に |
| 2012 | 3年以内に約15店の閉鎖計画。正社員を半減へ |
| 2015 | 「脱チェーンストア」を掲げて店舗ごとの仕入れ・発注を強化。5年間で約40店の閉鎖や本部社員3割削減などの構造改革計画を発表 |
| 2016 | 鈴木がセブン&アイ会長兼CEO(最高経営責任者)を退任。新経営陣の下、構造改革が加速 |

も、スーパーというビジネスに対して懐疑的になっていった。既に1970年代から、「スーパーの理論というのが、いつまでも続くものではないと見ていた」と言う。

「当時、スーパーは伸びていたけど、それがそのままいくとは思っていなかった。スーパーの良さは、平積みされた商品から掘り出し物を探すことだった。在庫を豊富に持てば良かったんです。それは結局、伊藤(雅俊、現名誉会長)さんも中内(㓛、ダイエー創業者)さんも、基本的にはみんなアメリカのやり方をそのまま持ってきていた。要するにスーパーってのは、アメリカの物まねですよ」

当時、日本の流通業界の理論的支柱とな

っていたのが、読売新聞出身の流通コンサルタント、渥美俊一が日本に広めた「チェーンストア理論」だ。標準化された店舗を大量に出店することで、規模の力で商品を安く仕入れ、販売しようという考えである。渥美は、小売り先進国の米国で生まれたこの理論を学ぼうと経営者たちに呼びかけ、米国視察を何度も組んだ。伊藤や中内もその輪の中にいた。

だが、鈴木はこうした潮流とは一線を画していた。

「僕も、渥美先生と一緒にアメリカに視察に行ったことがあるけど、意味がなかった。アメリカは貧富の差が大きいし、人口もどんどん増えていく。でも、日本はそうじゃない。チェーンストアの仕組みをそのまま日本に入れてもダメだということを、再確認して帰ってきたという程度だったよ」

## チェーンストア理論と「商人道」

鈴木は、チェーンストア理論へのアンチテーゼを、まずはコンビニエンスストアで実践していったとも言える。セブンイレブンの原点は米国だが、中身は徹底して日本の消費者ニーズに合うように変えた。

その一方で、鈴木が指摘するようなスーパーの限界がヨーカ堂で顕在化し始めるのは1980年代に入ってからだ。それまでのヨーカ堂はむしろ、伊藤が作り上げた社風によって、スーパー業界の中で群を抜く財務体質と収益性を誇っていた。伊藤の節約志向と真面目さに根差した「商人道」が、強さの源泉だったのである。

日経ビジネス1981年8月10日号の記事に、興味深い比較がある。1981年2月期の自己資本に対する有利子負債比率で見ると、ダイエーが380%超なのに対し、ヨーカ堂は100%未満。損益分岐点比率を比べると、ダイエーが92%である一方、ヨーカ堂は86%。ダイエーと比べて優れた財務基盤と収益性を築き上げていた。

ほかのスーパーが借り入れに頼って自社物件を取得する傾向が強かったのに対し、伊藤はリースによる「持たざる経営」を重視。その上で、言葉遣いから作法まで、商売人としての心構えを「しつけ」と称して社員に徹底的に叩き込むことで、強い販売力を持つ組織を作っていた。

だが、米国発のチェーンストア理論に独自の「商人道」を乗せて成長をしてきたヨーカ堂は、1980年代に入ると失速する兆しが見え始める。1982年2月期上期に、ヨーカ堂は初めて、前年同期比で経常減益となる。鈴木にとっては、大量の在庫を抱える従来型の事業モデルが綻び始めたことの証左に見えた。

「だから、1982年に『業革』を始めたんです。伊藤さんに言われたからではなく、僕が自分で改革を始めたんだ」

## V字回復、そして総会屋事件

「業革」とは、ヨーカ堂が1982年に立ち上げた「業務改革委員会」の略称。鈴木が委員長として陣頭指揮を執った。

当時の鈴木は、ヨーカ堂の常務取締役で管理部門を統括していた。直接営業部門を担当したことはなかったが、むしろスーパーの「部外者」の視点から、鋭く本質を指摘した。

「僕は、業革で在庫を減らせと言ったんです。それまで、スーパーはどこも在庫管理なんかやっていなかった。僕が日本の流通業界で、一番最初に始めたんですよ」

「ヨーカ堂の社員は戸惑いましたね。社員だけじゃなくて、伊藤さんだって同じです。当時企画室長だった村田（紀敏、セブン&アイ前社長）君に『鈴木君は在庫を減らせと言っているけど、それでどうして利益が出るんだ。おかしいじゃないか』と聞いたそうだよ。

『何か数字のカラクリをやっているんじゃないか』とね」

鈴木は、セブンイレブンで実践してきた商品の動向を一つひとつ把握する「単品管理」の考え方を、ヨーカ堂にも導入。売れ残っている「死に筋」の商品を棚から早めに排除すると同時に、売れ筋の商品にアイテムを絞り込むことで在庫を削減した。それにより収益性はV字回復し、「業革をやってから約10年は、スーパーの中で独り勝ちだった」（鈴木）。ライバルのダイエーや西友も、消費の成熟への対応に苦しんでいた中で、収益性の面でヨーカ堂の強さが際立った。

だが、業革の成果がピークに達しようとしていた頃、会社を激震が襲った。1992年、総会屋への利益供与事件が発覚。伊藤が社長を引責辞任し、鈴木がトップに昇格する。

事件がなかったら、どうなっていたか。「伊藤さんが社長を続けていただろうね」と鈴木は振り返る。業革で実績を作り、グループ内での存在感を一気に高めていた鈴木が、事件をきっかけに名実ともにトップに立った。

それから鈴木は、セブンイレブンのみならず、ヨーカ堂を含むグループの経営責任をすべて負うようになった。そして四半世紀が過ぎた今、ヨーカ堂はかつてないほどの深い苦悩の淵にいる。鈴木が標榜したヨーカ堂改革を阻んだものは何だったのか。

# 9節「ヨーカ堂は、やっぱり変わらなかった」

イトーヨーカ堂は、名誉会長である伊藤雅俊の叔父、吉川敏雄が1920年に開いた洋服店「羊華堂」が起源だ。伊藤は戦後間もなく、母や兄と商店を再興。現在のような衣食住を扱う総合スーパーとして事業を拡大し始めるのは、伊藤が米国視察を経てチェーンストア理論に傾倒していった1960年代からである。

それでも、衣料品は長らく、良くも悪くも常にヨーカ堂の「中心」だった。売上高に占める食品の割合が増えていたとはいえ、1990年代中頃までは衣料品の割合は3割程度を維持していた。だが、その後は衣料品が低迷し、2016年2月期には売上高に占める比率は約15％まで落ち込んだ。ヨーカ堂は、衣料品と共に凋落したとも言える。

1992年、総会屋事件で伊藤が社長を引責辞任し、副社長だった鈴木が昇格した。1990年代は家電や衣料品など、ロードサイドの専門店が急成長した時期で、総合スーパーが冬の時代を迎える。ヨーカ堂の利益も下降線をたどるが、それでもダイエー、西友、マイカル、ジャスコといった競合他社と比べると、高水準を保っていた。経常利益額は2000年2月期までは他社と比べて倍以上。鈴木が始めた、在庫管理などを徹底する「業務改革委員会」の成果や、子会社セブン-イレブン・ジャパンの配当が下支えしていた。

2000年代に入ると、それまでの利益水準を保てず、業績悪化に拍車がかかっていく。「業績が悪くなったヨーカ堂の社員の意識改革を図るため」。持ち株会社セブン&アイ・ホールディングス設立の際、鈴木はこう語った。それまではセブンイレブンの配当でヨーカ堂が潤い、ヨーカ堂社員には親会社としての意識が強かった。持ち株会社にぶら下がる事業会社へ格下げし、奮起を期待した。しかし、思惑通りにはいかなかった。

## 「鈴木君は分からないでしょ」

ヨーカ堂不振の元凶である衣料品は祖業であり、伊藤の思い入れも強い。食品を主体としたコンビニエンスストアで成功した鈴木は、最後まで衣料品の問題を自らの責任として捉えることができなかったのではないか。

鈴木は、こうした見方を否定する。同時にヨーカ堂への思いを打ち明けた。

「(ヨーカ堂の業績が悪いのは)結果としてリーダーとしての僕の力がなかったという結論になるのだけれども、じゃあなぜかというと、やっぱり変わらなかったんだよね。セブンイレブンはどんどん、変えられた。従業員も経営陣も、変わるのが当たり前だと思っている。ヨーカ堂の連中は一生懸命やっているんだけど、過去の成功体験に縛られている」

鈴木が言う成功体験とは、伊藤が経営の一線にいた時のものにほかならない。鈴木はそうした社員の体験が、自分の方針がヨーカ堂に浸透するのを阻んだと強調する。不振の原因は、ヨーカ堂側にあるとの考えだ。

「僕のリーダーシップはヨーカ堂には100%は浸透しなかった。確かに僕は、衣料品で『何番手の糸』とか言われても、それは無理だよね。でも、それをヨーカ堂の人たちは『鈴木さんは商品のことを分からないくせに、商品のことばかり言う』と言う」

鈴木の認識では、ヨーカ堂の組織風土には伊藤の存在が深く根付いている。

「うちで一番衣料品に熱心なのは、名誉会長でした。商売が好きなんだよね。それで言うんです。問屋を回って『あそこにいい商品がある。おまえたち素人が考えるより専門家がいるじゃないか』とね。それが口癖だった」

「僕も常に言われていたんです。『鈴木君は商売したことがないから分からない。自主マ

名誉会長の伊藤雅俊氏は、衣料品に強いこだわりがあるという（写真は1992年当時）

ーチャンダイジングが大事だと言うけれど、問屋はその道のベテランだ。そこから商品を入れればいいじゃないか』と」

鈴木は、自主マーチャンダイジング（自主企画商品の開発）こそが、ヨーカ堂を再び復活させる唯一の道だと考えていた。セブンイレブンでおにぎりや弁当などの独自商品を成功に導いた自負があるからだ。その思いはここ数年のＰＢ（プライベートブランド）「セブンプレミアム」の成功によって、さらに強くなった。だからだろう。鈴木は、ヨーカ堂を苦境に追いやっているライバルをも、羨むようにたたえる。

「今、日本で成功している小売りは、自主マーチャンダイジングをしているところでしょう。ユニクロもニトリもしまむらも、みんなそうだ。ユニクロの柳井（正、ファーストリテイリング会長兼社長）さんだって、セブンイレブンを見て、ああいう発想になったって言うわけ。似鳥（昭雄、ニトリホールディングス会長）さんも、自分で東南アジアなんかを回って商品を開発してきたから、成功しているんです」

## 在庫買い取り要請の真相

だが、ヨーカ堂が復活できない理由は、商品以外にもあるという意見も少なくない。ある幹部は、「鈴木さんはヨーカ堂をいつも叱責する。だから、ヨーカ堂の社員は自信を失い、自分で考えなくなり、幹部は鈴木さんの顔色ばかりうかがうようになった」と話す。例えば、２０１６年2月期の赤字の一因となった、ワイシャツなど独自開発品の過剰在庫。「機会ロスをなくせ」という鈴木の指示で作りすぎたという見方も多い。だが、鈴木は言う。

「ちゃんとしたマーケティングもしないのに商品を作っている。在庫もしっかり見ていない。セブンイレブンと違って、ヨーカ堂は取引先から常にいい子、いい子ともてはやされてきたから、甘えているんですよ」

鈴木とヨーカ堂の間にある深い溝は、結局、最後まで埋まらなかった。その不幸がついに顕在化したのが、2016年になって起きたある事件だった。

伊藤と鈴木の両者に近い古参の顧問の発案で、損失を抑えながら売れ残りを処分しようと、100億円規模の衣料品在庫の買い取りを伊藤家に要請。買い取ってもらった衣料品は、社会貢献活動の一環として寄付してもらえばいいと考えた。しかし拒否され、これが鈴木と伊藤家側の対立を決定的にし、鈴木退任の原因の一つとなった。

セブン&アイが連結で過去最高の営業益を更新する一方、ヨーカ堂の赤字が続けば、鈴木自身よりも伊藤の顔に泥を塗ると考えたようだ。在庫買い取り要請は、伊藤に良かれと思って持ちかけたものという意識が強かった。しかし、伊藤家は「世代替わり」していた。創業家の若い世代は、不振の責任は鈴木にあると考え、反発したのだろう。

「僕がもっと強制力を発揮していれば、ヨーカ堂は変えられた。だけど、そこまで徹底できなかった。そもそも、当たり前のことを分かっていれば、赤字だって出るはずないんだ」

「ミスターコンビニ」はそう言うが、ヨーカ堂の業績不振はもはや悠長に商品強化に頼っていられない状況まで追い込まれている。

# 10節 「60歳を過ぎたら引退と思っていた」

２０１６年12月１日に84歳の誕生日を迎えた鈴木敏文は、２０１５年11月下旬と12月上旬、体調不良により入院した。ちょうどその頃、名誉会長の伊藤雅俊（92歳）も足を骨折して入院しており、一時はセブン＆アイ・ホールディングスを作り上げた２人が同時に入院するという、異例の事態が起きていた。

だが、周囲の心配は杞憂だった。鈴木も伊藤も無事退院し、「むしろ２人とも、入院前より元気になって戻ってきた」（元幹部）。特に鈴木は入院中も、病院１階にあるセブンイレブンを訪れ、「機会ロスがひどい」と激怒したというエピソードがまことしやかに伝わったほど、経営にかける情熱が衰えることはなかった。

鈴木は退院後、伊藤とこんな会話を何度もしたと周囲に語っている。

「伊藤さんは『俺も90歳を超えているんだから、君も絶対90歳までは頑張ってくれよ』と言うんだよ。『いや、とても無理ですよ』なんて僕も言ってね。笑いながら話したんだ」

## 「後継者、育てる必要なかった」

ただ、鈴木は80歳を超えてもトップに君臨し続けることに、違和感を抱いていたとも明かした。

「僕はもう80歳を過ぎているわけ。常識に照らせば、ある程度の規模の会社で、80歳過ぎまで経営のトップにいる人は少ないよね。だから、いろいろなことを考えるのは無理もないでしょう」

「70歳を過ぎた頃から、辞めなくちゃいけない、誰かにバトンタッチしなくてはいけないと、本当にそう思っていた。僕は昔、人事を担当していた頃、経営者は60歳を過ぎたら引退すべきだとも思っていた。だけど、自分がその年齢を過ぎていくと、無責任に引いてはいけないと葛藤があった。辞めるとは、なかなか言えないんだよ」

「自分で年をとって、忘れっぽくなったなという自覚はあるよ。でも、オムニチャネルなんて言い出すと、ますます、ある程度形をつけなくてはと思ってしまう」

長期政権になるほど、トップはカリスマ化し、周囲はイエスマンばかりとなって、後継者が育たないというのは世の常だ。流通業界のカリスマと呼ばれたダイエーの中内㓛、セゾングループの堤清二も、うまく経営を引き継げずに、グループは瓦解していった。

鈴木自身も、後継者を育てることはできなかったと認める。

「育っている、育っていないということより、なかなかそうはやれなかった」と打ち明ける。そしてこうも言う。「今までは、（自分がやっていたから）あまりその必要もなかった」。

セブン-イレブン・ジャパンの実質的な創業者として、中内や堤に続くカリスマとなった鈴木はジレンマを抱えていた。老いには抗えず、いつかは後進に経営を引き継ぐことになる。だが、後継者候補になり得る幹部社員たちの能力を信じきれない。

それが、鈴木が2016年春、セブンイレブンの社長だった井阪隆一（現セブン＆アイ社長）を更迭する人事案にこだわった背景だった。鈴木は「新しいものが出てこない」と井阪を酷評。これに、5期連続で最高益を更新していた井阪は反発し、最終的には取締役会も鈴木の人事案を否決。そして、鈴木は自ら辞することを決意した。

退任を公表した会見で、鈴木は「真実を話そうと思った」と言う。「僕がただ辞めたと言うだけだったら、いろいろな臆測が飛んだと思うんですよ。何か悪いことでもしたんじゃないかと」。

当時セブン＆アイの社長だった村田紀敏（現セブン＆アイ顧問）だけではなく、顧問の

鈴木敏文氏の母校、長野県上田東高等学校にある「変化対応」の碑

2人を会見会場に呼び出したのも、「左大臣、右大臣として名誉会長に一番信用されていた」(鈴木)という2人が事態の背景を説明すれば、世間は自らの主張の正しさを理解してくれると考えたからだ。

だが、カリスマの突然の退任というニュースに加えて、顧問2人が出てきて退任の舞台裏を暴露するという会見の異様さは、騒ぎを大きくした。それでも鈴木は、「会見があのような形になったのは、仕方なかった」と振り返る。

## 「大したことはやってない」

退任を巡る騒動や、イトーヨーカ堂やそ

ごう・西武の業績不振という負の側面があったとしても、鈴木が日本の消費のあり方を変えたことは確かであり、「ミスターコンビニ」としての功績と評価が揺らぐことはない。

鈴木が、変化に挑み続けなければ、コンビニエンスストアという、今では社会インフラにもなった事業モデルが日本で、そして世界で広がることはなかったからだ。

鈴木には、今も忘れられない光景がある。２００４年4月16日、米ハーバード大学ビジネススクールに招かれた時のことだ。

「米国のセブンイレブンに学ぶものは何もなかった」

「ウォルマート・ストアーズは世界のトップだが、慢心するとダメになる」

「消費は経済学ではなく心理学の世界になった」

「日本のセブンイレブンが伸び続けているのは、消費者の変化に常に対応しているからだ」

メモも持たず、自らの言葉で語りかける鈴木の経営哲学に、秀才たちは食い入るように耳を傾け、ノートを取った。

かつてサウスランド（現米セブン-イレブン・インク）の社外取締役だったハーバード大の教授が、「コンビニは米国でも将来がない」と鈴木の考えを否定したことがあった。

日本の流通業の手本であり続けた米国で教壇に立つ識者ですら、当初は鈴木の経営を理解しなかった。だが今や、鈴木の経営は米国でも高く評価されている。

鈴木は、「自分では大したことをやったなんて、本当に思っていないんですよ。たかだか、コンビニじゃないかと。社会インフラとして欠くことができなくなったと言われれば、そうかもしれないけれど、それがすごいことだとは、正直思わない」と言う。だが、その謙遜を真に受ける者はいない。

食品スーパー、ライフコーポレーションの創業者で、伊藤と鈴木を古くから知る清水信次（90歳）は、「鈴木さんが描く未来の世界は、普通の人には見えない。僕だって見えないよ。それくらい鈴木さんの目指すものは大きい」と話す。

戦後、多くの小売企業が誕生し、日本の高度成長と共に発展を遂げた。だが、バブル崩壊を乗り越え、今日まで順調に経営を持続させた有力企業は多くはない。「流通革命」を掲げた中内のダイエーは経営破綻し、消費を文化に昇華させた堤のセゾングループは解体した。巨大グループとして存続しているのは、経営難に直面したスーパーなどを次々と吸収してきたイオングループと、セブン＆アイだけだ。

特にセブン＆アイは、創業者である伊藤と、雇われ経営者である鈴木の絶妙なバランスにより、祖業のスーパーから、鈴木が立ち上げたコンビニへと経営の主軸を劇的に転換させた。それは、常識にとらわれず、周囲の反対にも屈することなく、消費者目線で変化に挑み続けた鈴木なくして、あり得なかった。

80歳を超えるまで、国内最強の流通グループに君臨した経営者、鈴木敏文。その孤高の人生は、日本の産業史に深く刻まれている。

＝1章はすべて文中敬称略

（1章は日経ビジネス2016年8月22日号〜同年10月24日号に掲載した連載「鈴木敏文 孤高」を再編集しました。1章内の社名、役職名、登場人物の年齢は2016年12月27日時点のものです。）

# 2章 鈴木と伊藤、最強の2人

「鈴木さんと伊藤さんは〝ニコイチ〟の関係」

食品スーパー大手ライフコーポレーション会長の清水信次は、セブン&アイ・ホールディングス名誉会長の伊藤雅俊と同社名誉顧問になった鈴木敏文が、2人でひとつのような関係だと表現する。

戦後、同じ小売業で切磋琢磨し、古くから伊藤と鈴木を知る清水は、さらにこう表現を重ねた。「商売人の伊藤さんとテクノクラートの鈴木さん。この2人の絶妙な関係が、会社をここまで大きくした」。

イトーヨーカ堂の創業者でありオーナーでもある伊藤の素顔を知る人は、年々少なくなっている。1992年、伊藤は総会屋事件の責任を取って退任して以降、メディアの前に姿を現すことが少なくなった。

伊藤から経営を託された鈴木は、それ以降セブン&アイ（当時はヨーカ堂）のトップとして辣腕を振るう。伊藤の素顔と同じように、伊藤退任までの鈴木が、グループの中でどんな存在だったのかを知る人も、今では少ない。

そこで2章では、時計の針を大きく巻き戻して、若かりし頃の伊藤と鈴木に光を当てる。日経ビジネスではおよそ40年前から伊藤や鈴木、さらには2人が築き上げたヨーカ堂やセブンイレブンへの取材を重ねてきた。

1970年代前半、その頃の流通業界の風雲児といえばダイエーであり、西武流通グループ（後のセゾングループ）であった。ヨーカ堂は堅実に利益こそ生み出すものの、慎重な経営を貫くために、流通業界では地味な存在だったのだ。事実、1973年当時のヨーカ堂は、流通業界で6位のポジション。ダイエーの売上高が年2800億円なのに対し、ヨーカ堂はまだ800億円程度だった。

無謀な拡大路線に走らず、1店舗1店舗、確実に利益を上げていくヨーカ堂の経営方針は、まさに創業者である伊藤が掲げる「商人道」の哲学を体現していた。

2節に収録した「建前を本音で実践 イトーヨーカ堂の美学」（1985年掲載）では、そんな伊藤の経営者としての横顔が克明に描かれている。

従業員の髪型やしぐさに細かく口を出し、「見苦しいので肌を焼きすぎないように」といったことまで踏み込んで従業員を〝しつける〟伊藤の姿からは、まっとうであることへの過剰なほどのこだわりが浮かび上がる。

一方で、鈴木がヨーカ堂内で存在感を高めてきたのも、その頃だった。ヨーカ堂の業績に陰りが見え始めた折、鈴木は1982年から「業務改革委員会」を主導する。具体的な売り場の数字を基に死に筋を分析して在庫を管理し、客観的根拠に基づいて値下げ率や粗利益率を改善していく様子も、2節で描かれている。

ちょうどこの時期、日経ビジネスでは伊藤と鈴木、それぞれの素顔にフォーカスした人物ルポルタージュを掲載している。1節「伊藤雅俊の実像『夢追う大商売人』」（1984年掲載）で描かれた伊藤は、先に述べた実直さで商売道を貫いており、3節「鈴木敏文の矜持『己を殺して自我を貫く』」（1986年掲載）の鈴木の姿を見ると、野心や私欲ではなく、「会社にとって何が重要か」という理由で伊藤を説得し、コンビニエンスストア「セブンイレブン」に挑戦するなど、革新的な経営を実践してきた様子が見えてくる。

そんな鈴木が一層、カリスマ性を増したのは、伊藤が経営トップの座から退いて以降だ。4節の「リーダーの研究 鈴木敏文『成功体験を捨てよ』」（1995年掲載）からは、米セブンイレブンの立て直しや、ヨーカ堂の業務改革で成功を収め、グループを率いる鈴木の姿が描かれている。

2章を読めば、テクノクラートとしてロジックや合理性に基づいた改革を主導する鈴木の姿と、創業者兼オーナーとして何よりも信頼や情を重んじる伊藤の哲学、2人の「原点」が理解できる。

鈴木と伊藤の「絶妙の関係」はどのように生まれ、続いてきたのか。

＝文中敬称略

# 1節 伊藤雅俊の実像「夢追う大商売人」

イトーヨーカ堂の創業者である伊藤雅俊。日経ビジネスでは1984年、伊藤の実像に迫ったルポルタージュを掲載した。「気持ちが悪い」という独特の口癖に象徴される「商人道」を貫き、社員にもそれを求めた伊藤。彼に多大な影響を与え、ヨーカ堂拡大の原動力となったものは何だったのか。伊藤雅俊、そしてヨーカ堂の原点を探る。

「グリコ・森永脅迫事件」で最初の標的にされてしまった江崎グリコ社長の江崎勝久が、親しい友人にしみじみ語ったという。「あの時、伊藤さんからもらった電話ほど、心の支えになったものはなかったな……」。

誘拐事件を巡って、江崎の口は貝のように固かった。しかも事件後、公私とり混ぜた激励や慰めの挨拶は引きも切らなかったはずである。伊藤雅俊からの1本の電話は、大口取引先のトップとしての儀礼などというものを飛び越えて、よほど江崎の心を打ったに違い

1984年、取材に応じる伊藤雅俊氏

ない。

## 〝森永撤去〟を自ら事情説明

その伊藤自身が、今度は事件に巻き込まれる。「森永せいかの製品　おいたら　あかん」という脅迫状が、イトーヨーカ堂にも送りつけられたのだ。役員を集めた鳩首協議の末、伊藤は万一の事態を考えて森永製品の撤去を決断する。そして直後、山ほどの決裁事項をおいてイの一番に命じたのは、社長専用車の手配だった。その車に飛び乗るようにして森永製菓社長の松崎昭雄を尋ね、自ら直接、事情を説明したのである。

2つの事件は、言ってみれば伊藤にとって〃お隣の火事〃、ないしは〃側杖《そばづえ》〃のようなものである。だが、そうだからといって、とりあえずは形だけの挨拶で済ますようなことは伊藤にはできない。後々の取引関係を計算しただけなら、ここまでする必要もない。自分と関わりがある相手のことは、とことんまで思いやってしまうのだ。

こんな気性が社内に向かうと、どうなるか。

昭和55年（1980年）の夏頃から、東京・大森駅界隈の理髪店はどこも不思議と客足が増えるようになった。ネクタイ姿の若い男たちが入れ替わり立ち替わり訪れ、しかも全員が髪を短く刈り込むよう求めるのである。短髪は頻繁なカットが必要だから、繁盛は一時のことではない。

理髪店主たちにとってのうれしい〃謎〃は、すぐに解けた。増えた客の正体は、同年6月からヨーカ堂グループ入りした、大森京成百貨店の従業員たちだったのである。彼らは皆、新しい〃主人〃である伊藤から、早々にこんな一喝をかまされたのだ。

「店員の長髪はまかりならぬ。お客様商売で、気持ち悪いとは思わないのか」

その頃、理髪店仲間の会合では「いっそ、商店街中がヨーカ堂になんないかな」といった会話が、かなり真面白に交わされたという。

「気持ち悪い」は、伊藤の口癖の一つである。役員会の席で、「何だ君は気持ち悪い。腕組みをよしなさいっ」と怒鳴られた経験を持つ取締役は、1人や2人ではない。つい習慣になって、取引先や顧客の前でも腕組みをし、傲慢な印象を与えてしまうことが、想像するだに「気持ち悪い」のである。

伊藤自身は腕組みどころか、脚さえ組むことがない。きちんと揃えた膝の上に両手を乗せて、やや猫背ぎみの姿勢を崩さず、2時間でも3時間でも応対を続ける。

## 「気持ち悪いことはしたくない」

年末のボーナスですら、伊藤にとっては実は気持ち悪い習慣である。吝嗇《りんしょく》なのではない。「商人というのは、大晦日まで働き詰めに働いて、正月に、そのご褒美をいただくものだと思ってやってきましたから」というだけの理由である。事実、ヨーカ堂では昭和45年(1970年)まで冬のボーナスは1月支給で、労働組合が結成された時の最初の要求が「年末支給」だった。「住宅ローンの支払い期日もあるし」という幹部の説得に、渋々、要求を受け入れたものの、お客様より先にいい思いをしたいという考え方は、いまだに伊藤には釈然としない。

そして伊藤は、今も元旦を何となくいらいらした気持ちで過ごす。年末にヨーカ堂で売ったお節料理が、万に一つも傷んでいる事態を想像すると、それだけでもう「気持ち悪い」のだ。生真面目や篤実といった言葉だけでは説明し切れない。ほとんど病的なまでの「潔癖性」といった方がいいだろう。

「世の中にマーチャントイズム、商人道という言葉があるとしたら、それはまさに伊藤さんを表現した言葉だな。誠実で謙虚で、いつもお客と取引先と従業員のためを考え、それに絶えず勉強を忘れない……。江戸下町のあきんどの心意気を持っているんだ」。伊藤をよく知るキッコーマン社長の茂木克己の台詞である。そして、血みどろの競争を繰り広げているチェーンストア業界の内部ですら、これは伊藤個人を評する際の最大公約数的な言い回しとなっている。

正直なところ、書き記すだけでもうんざりしてくるような賛辞が、そこここから聞こえてくる。だが、伊藤の一面だけを見る限り、これらは決して誇張された表現ではない。

伊藤はたとえ寸分たりとも、無理をして〝商人ぶりっ子〟を演じているのではない。グリコ・森永脅迫事件での振る舞いにせよ、従業員への「断髪令」にせよ、すべては商人として「気持ち悪い」ことはしたくないという強烈な潔癖さの表れなのである。

昔気質の商人の顔には、どこまで皮を剝いていっても作為は見つからない。

昭和36年（1961年）にチェーン化に乗り出してからわずか20年余りで、利益日本一の小売業を育て上げたという、「事業家」としての文句のつけようもない実績を持つ創業経営者として、これは一種の驚異である。貪婪《どんらん》に利益を追求し、事業拡張のためにすべてを投げうってのめり込まなければ成功するはずのない創業経営者が、どこから見ても商人の素朴な〝徳目〟を身につけていることは、極めて珍しい。だからこそ、賛辞もひときわ高くなる。

こんな伊藤のルーツはどこにあるのか。

伊藤が小売業に身を投じたのは、終戦直後の昭和20年（1945年）、21歳の時である。復員した伊藤は、それまで勤めていた三菱鉱業を辞め、家業の洋品店「羊華堂」を手伝うことになった。洋品店といっても、東京・北千住のそば屋の跡地に建てた敷地3坪、戸板1枚の貧相な店。働き手は母・ゆきと、19歳年上の兄・譲の2人だけ。この時から、昭和31年（1956年）に譲が持病の喘息で亡くなり、店の経営を引き継ぐまでが、商人伊藤の揺籃期であった。

ここで商人として伊藤を仕込むゆきのしつけが、それこそ目配りの行き届いた、厳しいものだったのだ。毎朝、店の前を掃除する時は、必ず両隣の路上もきれいに掃かせ、水を打たせる。「商売は自分だけでやっていると思ってはいけない」という、素朴な倫理観と共に、両側を掃けば、自分の店構えが広く見えるという〝実利的〟な商人感覚も磨かせたのである。

## 母親に磨かれた商人感覚

伊藤だけではない。やがて1人、2人と増えてきた店員にも、ゆきは同じ仕込み方をする。「頭の下げ方から、今でいうアフターケアまで、こと細かでしたね」と当時店員の斎藤保親が言う。客が何も買わずに出ていくと、ゆきが斎藤の側に来て尋ねる。

「今のお客様、なぜ、帰られたの?」

「ご希望の品がなかったものですから……」

「そんな時は、代わりの品を見つけてお薦めしなさい。それもなければ、置いてありそうなよその店をお教えしなさい」

こういった具合だ。「当時の商店主はみんなしつけにやかましかったんでしょうが、うちは徹底の度合いが違っていました」(斎藤)。

こんな篤実な商人としての感覚だけが、ゆきの持ち味だったのではない。昭和23年(1948年)、同じ千住にある電器屋の土地が売りに出された時のことだ。それまでの「露店並み」の店から這い上がるには絶好のチャンスだったが、当時のカネで50万円の売り値では、とても資金調達のあてはない。伊藤と兄が諦め顔で話し合っていると、ゆきがいともあっさり言った。「すぐに買いなさい。借金のことは、後で考えればいいじゃないの」。

急いで手金を打ち、それから金策に走り回ったが、こうして手に入れた新しい店が、結局その後の展開の土台になった。「女としては、随分度胸がある人だった」と伊藤は振り返る。

ゆきは、東京・神田の乾物問屋に生まれた、根っからの「商家の娘」である。だが、店を支えていた祖父が早く死去したために家業が傾き、その後の結婚生活も幸福とはいえなかった。譲の父親である前夫と別れ、再婚して伊藤を生むが、この夫は「道楽者で、ダメだったようですね」(伊藤)。結局は再び離婚し、文字通り女手ひとつで子を育て、商売を切り盛りせざるを得なくなった。

「自分の実家を再興しようという、執念みたいなものがあったね。これはもう、拭い去れないくらい強いものだった」と伊藤。その執念が、我が子や店員への厳しいしつけとなり、いざという時の度胸を生む源泉になっていたのだろう。ゆきは昭和57年（1982年）、大きく育った事業を十分見届けて亡くなった。

兄・譲は、病身を押してひたすらコツコツ働く、生真面目を絵に描いたような人物だった。伊藤は今でも、兄の働く姿を鮮明に憶えている。終戦後で物資がない頃、譲は雨の日にはレインコート代わりに旧軍の外套を着込み、腰のところはありあわせの縄で縛って、咳をしながら走り回っていた。

譲は、店が徐々に大きくなっても、仕入れだけは従業員には任せようとしなかった。若い者がカネ絡みで問屋と接触すると、おべんちゃらでチヤホヤされて、威張る癖がついてしまうというのである。譲が死ぬ昭和31年（1956年）まで、当時既に年商1億円を達成し商売が忙しくなっていたにもかかわらず、仕入れは伊藤が1人で受け持っていた。

このことで、伊藤は譲に文句を言ったことがある。「もっと店の大きさに合わせた方法に変えてもいいんじゃないですか」。譲からは、辛辣《しんらつ》な言葉が返ってきた。「おまえはやっぱり地主根性だ。楽して近道を通ろうとするな」。

地主根性とは、伊藤の父親が地主の出であることから、譲がよく使った言葉だという。こんな会話を平然と交わす2人だから、異父兄弟であることの遠慮やわだかまりはなかった。「それどころか、自分は小学校までしか出てないのに、僕を商業専門学校まで行かせてくれたんだよ」と伊藤は笑う。

商人としてのしつけを叩き込まれる一方で、大事な場面では男も及ばない度胸を見せた母親。伊藤に輪をかけた潔癖性で、店を自分の理想に近づけることに徹した兄。伊藤はよく、「母や兄の後ろ姿に教えられた」という言い回しを使う。心底から尊敬できる母や兄の影響が、言葉やマニュアルのような形でなく、自然に伊藤自身の血肉になり切っているということだろう。

## 〝老舗好き〟と拡大路線

だが、どうにも不思議である。伊藤の場合、母と兄の後ろ姿から学んだものを自分の血肉とし、誠実に謙虚に「商人道」を突き詰めていった先が、どうして巨大な小売りチェーンになったのだろうか。生真面目、潔癖といった気性は、もともと小ぢんまりと磨き上げられた、老舗の主人にこそふさわしいものなのではあるまいか。

「この前、京都で雑煮のおいしい店を見つけたんだ。白味噌に丸餅で……。父子相伝で、3代くらいずつかけなきゃ味は出せないそうだけど、ああいう小さな店って実にいいねえ」。伊藤は時折、前後の脈絡とはあまり関係なくこんな話を始めることがある。

好んで社員などを相手に披露するのは、静岡にあるという小さなインテリア・生活用品の専門店「三保原屋」の見聞記である。「この店の仕入担当者は全員が女性で、至る所に細やかな心配りがいき届いているぞ。例えば醤油ビン一つとっても、全部の品に一度醤油を入れてテストし、少しでも出具合の悪いものは売らないんだ」。こういうことをしゃべっている時、伊藤の細い目は、一層細くなっていく。

伊藤自身も、手作りの黒光りする道具のような老舗が大好きなのだ。

ところが、現実にたどってきた経営者としての軌跡は、少なくともはた目には拡大路線そのものである。ヨーカ堂の出店計画は、伊藤自身に言わせれば「慎重すぎて」ということになるが、そうだろうか。昭和36年（1961年）、東京・赤羽にチェーン1号店を開店してから最初の10年間で、店は早くも21カ所に上った。ほぼ1年に2店という出店ペースである。

昭和47年（1972年）、27番目の店を、埼玉県春日部市に開いた時のことだ。伊藤は、完成したばかりの店の屋上に上って、周囲を見渡してみた。「そうするとね、ちょうど田植え時期で、あたり一面、田んぼの水面がキラキラ輝いてるんだ。屋根瓦じゃなくて田んぼだよ。果たして売れるのかなあって思ったね……」。この開店は、テープカットの当日の朝、入り口のタイルの最後の1枚を貼り終えるというきわどさだった。

こんな冒険は、正真正銘の「事業家」でなければできないことではないか。

そのうえ、店が大きくなればなるほど、中身の方も、伊藤が好きな老舗感覚との隔たりが広がってくるのは自明の理である。

伊藤が失敗談として必ず持ち出す「レインコート返品事件」は、昭和53年（1978年）に起こった。ヨーカ堂が、ある衣料品メーカーから仕入れた1億円分のレインコートの8割が、伊藤の知らないうちにごっそり返品されてしまい、後で先方の社長から直接、苦情が持ち込まれたのだ。チェーン網を広げていく間には、例えばカビの生えた食品が陳列されるといった事故も、皆無ではない。

多店化のために仕入れ、配送、陳列、在庫管理とマニュアル化を進めるほど、目の届かないところでマニュアルから漏れるミスも多くなる。量販店チェーンなら、どの企業でもままあることに違いない。だが一方で、伊藤の「潔癖性」が際立った印象を与えるだけに、ヨーカ堂でこうした事件が発生すると、「なぜ、伊藤がこういう商売をやるのだろう」と思わせてしまうのである。

## 格好いい理屈はいらない

伊藤自身も、その度に「気持ち悪さ」をしたたか味わったはずなのに、それでも事業拡大の手を決して緩めようとはしなかった。コンビニエンスストア「セブンイレブン」1号店を開いたのは昭和49年（１９７４年）のこと。この年には、後にグループの一角を占める外食事業「デニーズ」1号店もオープンしている。

伊藤は、こうやって一見、本来の理念とはズレた形で成功を収めた経営者にありがちな「後からの理屈付け」を、一切口にしない。「老舗スタイルでは流通近代化の流れに対応できないし、大衆に広く貢献することもできない」といった類の格好いい台調は、ついぞ漏らしたことがない。

いつものように、膝の上に両手を乗せたまま、「適当なところで目をつぶらなきゃ、小売業なんてできないんじゃないですか。ある程度、〝手抜き〟なんじゃないですか」などと言ってみせる。

それでいて、取引先とトラブルが起きたような時は、真っ先に出掛けていく。伊藤から深々と頭を下げられ、驚愕してしまった中小問屋の主人は数多い。セブンイレブンの合理的なシステムを自賛しはするが、伊藤がこの店に魅かれるのは実はシステムの完成度の見事さではなく、フランチャイズ方式に集まる「自営業者の心意気」なのである。「ご夫婦が一生懸命に助け合って店を磨いているのを見ると、気持ちいいね」。

老舗の感覚に憧れ、潔癖さを頑固に押し通す側面が伊藤の本質なら、その一方で事業拡大に意欲を燃やすのも、間違いなく実像なのだ。

## したたかなバランス感覚

なぜ、こんなに相矛盾した行動を、一人の男が同時にやってのけられるのだろうか。

「店を大きくしたのは、単純に事業欲だったんじゃないですか。老舗は好きだけど、それはバランス感覚ということじゃないですかね。老舗を手掛けていれば、それも一つの人生だったでしょうが……」。伊藤は、こんな風にサラリと身をかわしてしまう。

だが、伊藤は事業拡張の道を進んだ。そして、その道を選んだ事業家で、開闢《かいびゃく》このかた、バランス感覚に優れていた例がどれほどあっただろうか。優れたバランス感覚があればあるほど、創業や事業の急速な拡大といった危険な仕事はできない。身のほどを知れば大きすぎるリスクに挑戦を見合わせるのがバランス感覚だからだ。

それに伊藤の場合、バランス感覚という言葉で説明するには、矛盾の度合いが大きすぎる。他人の目にはそれを平然とこなしているかに見える姿は、比類なく「図太い男」と映る。

伊藤にしてみれば、店の規模や店舗数の拡大につれて「老舗」感覚との隔たりがどうしようもなく開いていくことぐらい、初めから分かっていたはずだ。

商人の潔癖さを体臭のように持ちながら、なお事業家として先に進まずにはいられない。「どの店も開店準備の段階では夢で胸が膨む思いがするんですが、出来上がって開店したものをみると、いつも失望しちゃうんですよ」と伊藤はぶぜんとした表情で語ったことがある。

伊藤の胸の内には、あるいは「賽《さい》の河原」に石を積むような無力感が常に行き来していたのかもしれない。伊藤の個性は、この解き難い矛盾を一刀両断して進む図太さにあるのではないようだ。「仕方ない、仕方ない」とつぶやきながら事業を拡大してきた、したたかさにこそある、とでも言うべきか。

だが、それにしても、ヨーカ堂が事業として完成度を高めれば高めるほど、伊藤の無力感や空しさが募ってきていることは確かのようである。

「満足？　とんでもない。それどころか、うちは今、まさにつんのめった状態なんですよ。大きくなるということは、本当に怖いんです」。業界では定評のあるヨーカ堂の緻密な店作りとオペレーションシステム――手ずからの〝作品〟の出来栄えに満足しているか、と水を向けたら、伊藤の柔和な目が一瞬、険しくなった。

## 商人は後ろ姿を見て学ぶ

例えば、全社を挙げて2年前から取り組んでいる「ギョーカク（業務改革）」。商品、在庫管理を徹底的に見直すなどの〝組織のアカ落とし〟なのだが、伊藤に言わせれば「要するに、注文伝票も書けない仕入れ担当者が増えてきた」ための苦肉の策なのである。

こんな仕事に手を着けねばならないほど、自分のイメージの中にある「本物の商人」が少なくなってきていることへのいら立ちが、「つんのめった」という激しい言葉になったに違いない。

にもかかわらず、ここ数年、伊藤が部下に対して激怒する姿はあまり見かけなくなったと、ある中堅社員が言う。かつては社長室のあるフロアの隅々まで響き渡る伊藤の怒声が、会社の〝名物〟の一つだった。だが「グループ全体で4万人もの所帯になれば、トップはもう、どうか良くやってくれと祈るしかない。第一、一人で怒ったって全体が動きはしないよ」と伊藤は言う。組織が大きくなれば、従業員の仕込み方も自ずと変わらなければならない――ということなのだろうが、それだけではあるまい。

「北千住の母と兄」を原点にしてきた伊藤にとっては、商人は商人の「後ろ姿」を見て育つもの、という教育観は動かし難い信念でもある。組織的な社員教育や接客マニュアルで「商人」の精巧な複製は作れても、伊藤自身が体臭のように漂わせている商人らしさをそのまま残すことはできない。

後継者についての質問に対して、伊藤はポツリと一言「これからが大変ですね」と言った。普段はこの種の話題を嫌う伊藤にしては珍しくまともに答えた表情の中に、複雑な影が走ったように見えた。伊藤にとって本当に〝大変〟なことは、後継者を育てることそのものよりも、自らの「見果てぬ夢」をついに諦めなければならぬ日の来る現実を、自分自身に言い聞かせることではないのだろうか。

＝文中敬称略

（日経ビジネス1984年11月12日号の連載「シリーズ人」の「『夢追う大商売人』伊藤雅俊・イトーヨーカ堂社長」を再編集しました。社名、役職名は当時のものです。）

# 2節 建前を本音で実践 イトーヨーカ堂の美学

1985年。この年、日経ビジネスはイトーヨーカ堂の特集を組んでいる。ダイエーや西武流通グループなどが貪欲に成長を求める当時の流通業界で、ヨーカ堂は地味な存在だった。しかし業績に目を向ければ収益の高さは業界随一。ヨーカ堂創業者の伊藤雅俊と、副社長の鈴木敏文という〝2人のトップ〟の役割分担は、どのようなものだったのか。

「長時間日光に当たって、肌を焼きすぎないように」

長かった梅雨もようやく明け、本格的な夏を迎えようという昭和60年(1985年)7月、イトーヨーカ堂では、全社員2万人(パートタイマーを含む)に、こんな注意事項が言い渡された。夏休みを取って海や山へ遊びに行くのは自由だが、決して肌を焼きすぎてはいけない。後で皮がむけて肌が汚くなり、お客様や取引先に対して良くない印象を与えてしまう、というのが理由である。

ヨーカ堂では、この種の注意事項が実に頻繁に発せられる。

「脱いだ背広は肩からぶら下げるようなことはせず、小脇に抱えて歩くこと」

こんな通達も社員に徹底されている。東京・芝公園にあるヨーカ堂本社までは、最寄り駅の地下鉄神谷町駅から徒歩で約10分。この間、ヨーカ堂マンは付近の住人の目にずっと晒されている。だから、だらしないまねは許されないのである。

実際、ヨーカ堂マンに対する住人の評判は極めて良い。彼らが「品行方正」にしつけられていることもさることながら、実はある小さな事件を機会に、ヨーカ堂マンの評価は決定的なものになったのである。

「出退勤時に歩きながらタバコを吸ってはいけない」

この通達は昭和56年（1981年）4月、ヨーカ堂が本社ビルを千代田区麹町から現在の場所へ移転した時にまでさかのぼる。地元神谷町の商店街は、ヨーカ堂が引っ越して来た翌日から、歩道に捨てられたおびただしいタバコの吸い殻に悩まされることになった。神谷町から本社へ出社する途中、社員たちがタバコを投げ捨てている。町内会はこう判断して、抗議を申し入れたのである。

ヨーカ堂は即座に町内会に謝罪し、出退勤時のタバコを禁止した。ところが、それでも吸い殻は一向に減らなかった。実はタバコを歩道に撒き散らしていたのは、主に取引先の問屋、メーカーの社員だったのである。

「あれは当社の責任ではない」と言えば、それで通っただろう。だがヨーカ堂は、同社の本社屋の清掃に当たっているパートタイマーの労働メニューを増やし、毎週1回、付近の歩道を掃除させることにしたのである。これは現在でも続いている。もちろん、余分な清掃にかかる人件費はヨーカ堂が負担している。

「礼儀正しさ」が生んだ美談と言えるだろう。だがヨーカ堂マンに要求されるのは、単なる「礼儀正しさ」だけではない。商人として常に〝身ぎれい〟でなければならない。

「お中元、お歳暮の類を一切もらってはいけない」

ヨーカ堂はバイヤー（仕入れ担当者）全員にきつくこう言い渡してある。取引先の業者に対しても、毎年盆と暮れに「贈答品は一切受け取りません」と書いたチラシを配って、会社の姿勢を明らかにしている。

この方針をはっきりと打ち出したのは昭和45年（1970年）のことである。当初は、「融通が利かない」「人の好意を理解しない」と取引先からかなりなじられたという。最近は相手側もヨーカ堂の姿勢を理解し、贈答品を送ってくることはほとんどなくなった。それでも年に2~3件は、社員の家に中元、歳暮が届く。その場合、社員は会社に品物を差し出すことになっている。贈答品は本社から送り主に返されるのである。

## 社員は身ぎれいな商人たれ

「量販店のバイヤーは一般的に行儀が悪い、と聞いています。ヨーカ堂の社員である限り、下品なバイヤーになってほしくないというのが当社の考え方です」とフード・マーチャンダイジング事業部長で常務の高柳敏郎は理由を説明する。ビジネスの交わりには、ある程度、親密さが必要かもしれないが、現実にはなれ合いになることが往々にしてある。だがヨーカ堂はあくまで身ぎれいな商人という理想を社員に忠実に守らせようとする。

こんなエピソードがある。昭和59年(1984年)のことだ。ある食品問屋の社員が、自社で取り扱っている商品の納入量を増やしてもらおうと、ヨーカ堂のバイヤーを銀座で食事に招待した。業界ではごく当たり前のことで、接待に応じるか応じないかはバイヤーの個人的な判断に任されるのが普通である。

ところがヨーカ堂では喫茶店でコーヒーを飲むくらいは別にして、取引先と食事をする時はすべて上司にうかがいを立てなければならない。このバイヤーも、接待の内容、相手側の意図を、詳細に直属の上司である総括マネジャーに報告した。総括マネジャーは早速、その食品問屋の営業責任者に電話を入れた。「うちのバイヤーがご馳走になったそうで、どうもありがとうございました」。面食らったのは礼を言われた食品問屋の営業責任者であったのは言うまでもない。そして、この問屋は二度とヨーカ堂マンを接待しようとはしなくなった。

## 社員2万人が〝自己採点〟

現代ではこの種のしつけはあまりはやらない。もちろん、綱紀粛正《こうきしゅくせい》はどこの企業でも当然のことなのだが、これほど泥くさいまで念入りに周知徹底することは、命令の出し手の側もためらうものである。だがヨーカ堂は、トップが「○△をしてはいけない」と決定すれば、それが速やかに末端まで伝わり、ほぼ間違いなく守られるのである。

ヨーカ堂では、店舗だけでなく本部でも職場ごとに毎日朝礼が開かれる。「肌を焼きすぎてはいけない」「背広を肩からぶら下げてはいけない」――社長以下、役員で構成する幹

イトーヨーカ堂を率いる経営陣。左から鈴木敏文副社長、伊藤雅俊社長、森田兵三副社長

部会が決定したこれらの注意事項は、朝礼の場で社員に伝えられ、徹底される。

例えばフード・マーチャンダイジング事業部では、常務の高柳自らが毎朝社員にこまごまとした注意事項を伝えている。もちろん、毎日、上からの注意があるわけではない。時にはヨーカ堂マンとしての心構えを説くこともある。

「週刊誌にはどぎついことばかり載っているから、読みすぎないように。小売業の社員として大切な感性が荒《すさ》んでしまいます、ということをしゃべるんです」と高柳は言う。

とはいえ、上司がいくら粘り強く説いたところで、若い一般の社員はそう簡単には納得しない。社員にしつけを守らせるには、強い管理が必要である。その点で大きな意味を持っているのが、1月と8月の年2回実施するセルフ・チェックと呼ばれる人事考課の自己採点システムだ。

## 「約束を守っているか」「ゴミを拾うか」

セルフ・チェックの仕組みは以下の通りである。「約束を守っているか」「粗ゴミが落ちていたら必ず拾うか」など、ヨーカ堂の社員として守るべき10項目が1枚のカードに列挙されている。社員はそれを見て、守っていれば「○」、守っていなければ「×」を自分で書き込む。カードはその後直属の上司、さらにその上役の手に渡り、そこで二重三重にチェックされる。人事考課制度にセルフ・チェックを利用する企業は少なくない。大手スーパーでもダイエー、西友がこのシステムを採用しているが、ヨーカ堂のようにパートタイマーを含めた約2万人にこれを徹底している例はまれだろう。

しかも役職・職制によってそれぞれの質問項目は異なっている。例えば管理職になると、「部下が身だしなみをきちんとするように指導しているか」という質問で、そのしつけの管理能力が問われる。

会社が何を要求しているのか――。セルフ・チェックを通して、社員は誰もがこれを、極めて具体的な形で知ることができる。「粗ゴミを拾うか」という具体的な質問を突き付けられることで、「礼儀正しくしなさい」と漠然と指摘されるよりもはるかに容易に、社員はヨーカ堂マンとしての条件を身につけていくのである。しかもセルフ・チェックが人事考課の一環である限り、ここでの評価は当然昇給やボーナス、昇進に色濃く反映される。

人事本部長で専務の舛川洋栄によれば、セルフ・チェックの結果、「入社1年目の社員が先輩社員の給料を上回ってしまったこともあった」という。「それではかえって社員のやる気をそいでしまう」という意見もあって、最近ではこれほど極端な差はなくなりつつある。だが、少しでも気を抜けば後輩に給与面で追い抜かれてしまうという可能性は、依然残っている。ヨーカ堂の社員にとって、しつけを守ることができるかどうかは、待遇に直接響いてくる問題なのである。

## 昼食の中身も分かるIDカード

〝しつけ〟にこれだけこだわるヨーカ堂だから、出退勤の時間も厳しくチェックされる。社員は全員、姓名・所属などの属性を記入した磁気カード（IDカード）を持ち、出退勤時にはこれを端末のカードリーダーに差し込んでデータをコンピューターに記録させる。上司はキーを一つ押すだけで、部下の就業時間がひと目で把握できる。そして1カ月の残業時間が25時間を超える社員は、「仕事の段取りが悪い」と忠告を与えられる。本人ばかりではない。その上司にも累は及び、「部下の時間管理がなっていない」として人事考課のマイナス点となる。

工場労働者の時間管理にＩＤカードを利用する企業は珍しくないが、ヨーカ堂はパートタイマーを含めて全社的にこのシステムを導入している。しかもＩＤカードは、社員食堂の食券購入にも利用されているから、社員が何時に何を食べたのかまでたちどころに分かってしまうというからすごい。

トップから末端まで一枚岩の禁欲集団、時に周囲に奇異な印象すら与えるヨーカ堂の社風は、社員の昼食まで見えてしまう徹底した管理システムによって維持・再生産されている。もちろん、この管理になじめない社員も少なくない。昭和59年度（１９８４年度）にヨーカ堂を中途退職した正社員は約１３００人、全正社員の11％強に上る。平均勤続年数の短い女子社員の割合が約40％と高いことは考慮に入れなければならないが、西友の５・6％を大きく上回る。「入社前の研修で髪を切りに床屋に行かせたら、何人かはそのまま帰って来なかった」（舛川）というエピソードは決して例外的な話ではないのである。

事実、日経ビジネス取材班が衣料品事業部のオフィスを訪ねた時のこと。同行してくれた社歴20年のベテラン広報マンは、忙しく働いているバイヤーを見て、「知っている人はほとんどいませんね」としみじみと述懐した。

こんなことで企業が成り立つのだろうか。しかし舛川は自信を込めて断言する。「いったんヨーカ堂の社風に染まってしまえば、違和感を覚えることはなくなる。いかにして社員をヨーカ堂ナイズするか。これが我々の大きな仕事です」。

昭和52年（1977年）に野村証券からヨーカ堂グループのセブン‐イレブン・ジャパンに移ってきた取締役の中野隆司は、証券マンの世界とは180度異なったヨーカ堂の社風に戸惑うことが再三あったという。ヨーカ堂ではズボンのポケットに手を突っ込んで歩くことが禁じられているが、その癖はなかなか直らなかった。「最初はみんな無意識に手をポケットに持っていってしまうんです。（副社長の）鈴木（敏文）などはポケットを縫いつけて、やっと直したそうです」（中野）。

それが5年前に証券時代の友人に会合で会った時、「すっかり変わった」と相手が驚いたほど、ヨーカ堂の色にいつしか染まっていたという。

## 「お客様」「気味悪い」「怖い」

実はこれらのエピソードは、その根を探っていくと、すべて一人の人間の性格に帰結する。創業者でありオーナー社長の伊藤雅俊である。伊藤の言動は、多くの新聞、雑誌に紹介されている。自らもいくつかの本を書いている。

「それらを読んだり、聞いたりしていくと、伊藤さんの考え方を解く3つのキーワードが浮かび上がってくる」と指摘するのは、流通産業研究所所長の上野光平だ。

「お客様」「気味悪い」「怖い」

修身の教科書を思わせるような〝しつけ〟の数々は、すべて「お客様」のためなのである。「情けは人のためならず」という格言にある通り、「お客様」に喜ばれることだけが、直接、顧客に接する小売業の成長を保証するという意識が、伊藤には極めて強い。

接待に応じない、物品を受け取らないというのは、取引先に借りをつくり、「気味の悪い」関係に陥ることを嫌うためだ。借りをつくれば、それを返さなければならない。それではは思ったようなビジネスができない——。伊藤はかたくななまでに情実を拒否する。ヨーカ堂に詳しいある関係者が、こんな話を教えてくれた。

昭和50年代前半（1975〜1979年）のことである。高度成長の追い風に乗って、ヨーカ堂の新規出店は毎年十数店に達していた。この時期、伊藤のところには、ゼネコンの幹部がひっきりなしに訪れ、「店舗の建設工事を請け負わせてほしい」と請願した。伊藤はどんな相手にも笑顔で応対したから、来訪者のほとんどが「希望が受け入れられた」と勘違いし、胸を高鳴らせてその場を辞した。

だが、もちろん、伊藤がこの種の請願を受け入れたことは一度としてなかった。店舗開発の担当者のところへ行って、社長から何の話も伝わっていないことを知り、がく然とした建設業者は1人や2人ではなかったという。

「礼儀正しさ」と「潔癖さ」、これらをほんの少しでも忘れたら、その時から小売業は腐りだす。「怖い」とは伊藤のいささか神経症的な危機感を表す言葉である。「怖い」から伊藤は、社員を徹底的にしつける。そして〝しつけ〟を拒否する社員に対しては、「辞めてもらいます。特にカネと商品で間違いを犯したら、即刻クビにします」(伊藤)。

ヨーカ堂の社風は、伊藤の極めて敏感な商人の感性に裏付けられている。それではこの社風は、ヨーカ堂の実現した高収益を生むシステムと、どこでどう結びつくのか――。

## 儲けは2位、ジャスコの2倍

昭和60年（1985年）7月18日、東京・武蔵野市の成蹊大学。大学講義室を埋めた学生を前に、伊藤雅俊の〝商人哲学概論〟は冴え渡った。「現代日本経営論」と銘打ち、実業界の第一人者を集めたこの講座、講師は伊藤のほか、日銀前総裁の前川春雄、三井物産前会長の石井正巳、ソニー会長の盛田昭夫、鹿島建設会長の石川六郎とそうそうたるメンバー。流通業界でのヨーカ堂のステータスを内外に示すものであった。

社会的知名度が高いダイエーの中内㓛、西武の堤清二ではなく、地味な印象が強い伊藤が選ばれたのは、ヨーカ堂が群を抜いて高収益会社であるからにほかならない。連結ベースでスーパー各グループの実力度を比べてみると、売上高でダイエーの後塵を拝したほかは、経常利益や売上高営業利益率、使用総資本回転率、自己資本比率、過去5年間の売上高成長率では、ヨーカ堂が圧倒的な強さを誇っている。

単独で見た場合はどうか。売上高（昭和60年2月期＝1985年2月期9035億円）ではダイエー（同1兆2827億円）に次いで2位だが、経常利益は同387億円と、2位のジャスコ（同197億円）以下を大きくリード。とりわけここ数年の成長は著しく、最近5年間の年平均経常利益増加率は13・4%で、ダイエー（マイナス1・7%）、西友（マイナス1・9%）、ジャスコ（9・3%）に差をつけている。百貨店と比べても、売上高ではトップの三越（同5379億円）の1・7倍、経常利益でも1位の伊勢丹（昭和59年11月期＝1984年11月期106億円）の3・7倍に達している。

それではその高収益を生み出すものは何か。ヨーカ堂といえば、システムのすごさが大きな理由に挙げられるが、それは決して最先端技術で武装されたきらびやかなものではない。商品の流れを的確につかみ、ムダを省くという基本をしっかり押さえた組織と、それを支える人間がいるためだ。

まず商品管理を見てみよう。狙いは二重三重のチェックと、責任を明確にして社員の意識を高めること。タテ軸は本部に所属するバイヤー、DB（ディストリビューター）、SV（スーパーバイザー）で、ヨコ軸は店舗での売り場担当者、商品別マネジャー、総括マネジャー、店長で構成される。

商品開発、発注作業は本部で行う。開発にあたるのがバイヤーで、発注するのがDB。しかし商品情報は現場が最も的確に分かる。流行も地域によって異なるのが普通だ。

こんな話がある。東京で人気が高かったスーツが、札幌で全く売れないことがあった。

なぜか。地域によって顧客の体型に違いがあったという。例えば常盤線沿線の店では、衣料はLサイズを豊富に用意しなければならない。年齢構成が高いためだ。こうした店舗、地域の特殊事情を収集し、本部とのパイプ役になるのがSVである。店舗段階で商品管理の意識を高める〝武器〟が、極めて細分化された損益管理の単位。店舗当たり約52という から、122店舗合わせると約6000を超すプロフィットセンターがある計算だ。婦人衣料ならスーツ、スポーツシャツ、スカート、下着類となっており、売り場の担当者一人ひとりが損益管理責任者といっても過言ではない。

本部で各単位の販促費、家賃、人件費などがコンピューターにインプットされ、各単位にも通知されている。だからフロア、もしくは店舗単位で仕入れ額と売り上げから大ざっぱに儲けが計算されるのではなく、各単位の細かな収支計算が即座に分かることになる。はっきりとした数字で、自分の成果や責任が明らかにされるだけに、社員は商品の流れや、どこでロスが生じたのかを一生懸命見つけようと努力せざるを得ない仕組みだ。

役割に応じて責任体制も明確だ。例えば、売り場担当者は売り上げ、在庫、値下げ管理を、商品別マネジャーはパートタイマーなどの人事や売り場面積が適切かどうかを、総括マネジャーは販促費や水道光熱費を含めた利益管理の責任を問われる。もし婦人衣料の売り場でスカートが売れなかった場合、売り場担当者と総括マネジャーらが、その商品を選んだ本部のバイヤーと共に原因を分析、すぐに対策を立てるのである。

## 二重、三重の監視体制

もう一つ、ヨーカ堂ならではのユニークなものがコントローラー制度。経理のノウハウを徹底的に叩き込まれた社員が〝目付け役〟として各事業部に出向、予算が計画通り執行されているかを分析。うまくいかない場合、売り場面積の変更など、具体的な助言、提言を行う。同社が師と仰ぐ松下電器産業の経理社員制を下敷きにしたもので、チェックの〝ダメ押し〟である。

商品管理システムは問屋、メーカーにも向けられる。納品率を高めることを要求し、しかも在庫を減らすために納入単位は小さい。これは問屋、メーカーに〝努力〟を強いることになる。ある電機メーカーでも、「例えば乾電池が月に300個売れると分かっていても、1回に20～30個ずつしか納入させてもらえない」とぼやく。

ただ、彼らも応じざるを得ない。なぜなら、「納品ベースが実際の需要を映しているから、アンテナになるというメリットがある」（前出のメーカー）し、「そのやり方は、いずれほかにも波及するはずで、先行投資と考えている」（ある食品メーカー）からである。

こうした組織管理の思想は小売業としてはいわば、当たり前のこと。しかしこの当然のことが他社では曖昧にされているのが現状である。この理念、こうしなければ「気味が悪い」と考える、曖昧さを徹底して嫌う伊藤の性格に根ざしている。

個々の社員の役割と責任は不明確だが、それゆえに社員が、自分が求められている以上の働きをしてしまうという日本的経営の組織管理とは異質である。

その理念をシステム化したのが副社長の鈴木敏文である。彼の号令で昭和57年（1982年）にスタートした「業務改革」がなければ、これほど徹底できたかどうか。

週1回開く業務改革委員会で、鈴木は各部の担当者を怒鳴りつけることもしばしばだ。例えばワイシャツ。「品揃えは必要だが、標準サイズが品切れするケースが多すぎる」。指示は極めて具体的である。

毎週月曜日、ヨーカ堂本社の社員食堂はいつも混雑する。北海道から岐阜県まで全国122店の店長が全員上京してくるからだ。業革後、大きく変わったことの一つが、会議が増えたことである。これは情報を可能な限り共有させ、早く次の手を打つためだ。

普通、スーパーの店長会議は月1回程度が相場。ヨーカ堂も以前は例外ではなかった。現場主義に徹するスーパー業界で、前線の指揮官が会議室で長時間を過ごすなど到底考えられない。交通費や宿泊代にしてもバカにならない。店長にとっても難行だ。秋田や盛岡の店長の場合、日曜に夜行で上京し、月曜に夜行で帰宅する生活が毎週繰り返される。にもかかわらず、会議は続く。毎週火曜日はEC会（常務会）と経営政策会議（グループ経営者会議）を交互に開く。つまり週末の商品動向を店長が持ち寄り、月曜の店長会議で検討し、もし必要があれば翌日の重役会議で即決する。

「ムダは徹底的に切るが、コミュニケーションについてはいくらかかってもよい」と鈴木は言い切る。店舗の創意工夫が業革の大きな狙いである。だからこそ情報を交換させ、ギャップをなくすのである。

## 業革で取引先もしつける

業革の効果は確かに上がっている。

3年前と比べると、値下げ率が0・7ポイント、品減率（実在庫と帳簿上の在庫の差）

が0・3ポイント、それぞれ低下、粗利益率は2・6ポイント上昇した。

ポイントだけ見ると大したことはなさそうだが、7400億円という商品売上高から見ると、1ポイントは74億円にも相当する。在庫が少なくなり、死に筋がかなり排除されたのである。また問屋に対する要望も効果を上げ、商品末納率も60％から2％へ改善された。

しかしこうした在庫の圧縮で逆に縮小均衡となり、売り場で商品を欠く機会ロスを生む恐れも出てきた。そこで昭和60年（1985年）7月から順次全店に8000台のPOS（販売時点情報管理）システムを導入、より正確な単品管理を図ることになった。これまで部分的にPOSを導入している小売業はあるが、全店一斉に稼働させるのはヨーカ堂が初めて。やる以上は徹底してやるのである。

業革の推進役の鈴木には、社長を兼ねる子会社のセブン-イレブン・ジャパンの〝成果〟が頭に刻み込まれているに違いない。セブンイレブンが流通業界でつとに有名なのは、何も急成長、高収益会社というだけではない。「情報産業」（鈴木）と位置付けるにふさわしく、いち早く導入したPOSを、単に在庫管理だけに使うのではなく、売れ筋分析にも活用していることだ。

さらにセブンイレブンの論理による物流再編を着々と進めている。牛乳の場合、雪印乳業、明治乳業、森永乳業、全農の4社が、セブンイレブンの要望に応じて共同配送システムを作っている。ライバルメーカーの牛乳が同じトラックで運ばれるなど、それまでは考えられないことだった。

特約店制度などでぎっちり固まっている物流業界で、セブンイレブンのやり方は革命的だ。ヨーカ堂の業革を押し進めると、やはり少量多品種、共同集中納入、定時配送が次の課題となってくるのである。セブンイレブンを突破口として考えているのは間違いない。

これまで見てきた商品管理システムを緻密にすればするほど、それを支える人間の役割と責任を明確にしなければならない。そのためには約束ごとはきっちり守る、同一レベルの大量の〝兵隊〟が必要になる。社員に対するヨーカ堂イズムの徹底教育は、サービス業としてのしつけの問題である以上に、実はシステムの下に、水も漏らさぬ整然とした行動がとれる人間を量産するための仕組みなのである。

しかし果たしてこんな過剰管理で、社員は働く意欲を持ち得るのか。取材班は大いなる疑問を持っていた。

おそらく待遇、つまり給与が並はずれて高いのではないか――。予想は外れた。35歳大卒男子の基本賃金（ゼンセン同盟調べ、グループ比較）は28万2770円。ダイエー（同

32万9120円）は言うに及ばず、ジャスコ（同29万円）と比べても低い。

経常利益ナンバーワンを誇るヨーカ堂にしては慎ましい。しかし、である。確かに社員からほとばしるエネルギーを感じるわけではないが、納得して働いているようには見えるのだ。厳しい管理の裏で、社員のやる気をそがない仕組みが隠されているからに違いない。

例えばセルフ・チェック。これは一人ひとりを厳しく管理する一方で公平な人事考課を保証する。セルフ・チェックは身だしなみ、しつけに関する項目のほか、職務に関する項目で構成される。自分に下した評価は、2段階に渡って上司にチェックされる仕組みだ。つまり自分に甘い採点、逆に自分に厳しい採点は、上司が改めて評価する。もしも評価が異なった場合はどうするか。本人を交えて納得がいくまで話し合う。たとえ1カ月かかろうが、あいまいにはしない。

人事考課といえば、本人の関知しないまま行われるのが普通である。それが本人にも結果が完全に分かるわけだ。内容についても、しつけの項目はいかにもがんじがらめのようだが、サービス業、もっと言えば社会人として当たり前のものが多い。職務に関しても、「商品管理は商品の売れ行きや不良品をチェックして行っているか」「発注忘れによる品切れを起こしたことはないか」と具体的だ。会社が求めていることが一目瞭然で、それをクリアしていけば、確実に仕事の要領が身につき、昇給、昇進につながるのである。

## 「入って良かった」会社にしたい

IDカードも徹底した時間管理をされるが、それは社員にとってマイナスばかりではない。スーパー業界はつい最近まで、残業など当たり前、しかも残業手当なしというケースが多かった。ヨーカ堂とて例外ではない。

「残業しても、申告しにくい空気があった」。カード管理でそうした曖昧さは完全に払拭された。「残業は要領の悪い者がやること」と今、ヨーカ堂は考える。この思想は週休2日制にも生かされている。掛け声だけではない、消化率は100%だ。

「我々重役も1週間の夏休み計画を出すよう社長から強く言われている。そうしないと社員が休みを取れないからだ」と専務の舛川洋栄。20年前のヨーカ堂マンの年間労働時間はなんと3750時間だったが、それが10年前には2250時間に、今では1750時間となったのである。

急成長してきたスーパー業界は、社員の高齢化対策として、いずれも人事選択制度を検討している。ヨーカ堂も「社員群制度」という抜本的なものを労組と協議中だ。

人事選択制度といえば、大きな狙いは社員の賃金抑制であろう。しかしヨーカ堂の場合、それだけとは思えない。舛川は「検討資料は何十cmの高さにもなる。まだ詳細は明らかにできないが、パートタイマーの身分保障、OB会の新設など、福利厚生を含めた抜本的な改革をし、ヨーカ堂に入って良かったと思えるようなものにするつもりだ」と力を込める。ヨーカ堂イズムに納得して付いてきた者、これから入社する者には報いてやりたい。この意識は、ヨーカ堂のこれまでの言動を見る限り、あながち建前だとは言い切れない。

## 「マネジメント能力は私より上」

強い軍隊の要諦は、優れた参謀本部と、鍛え抜かれた実戦部隊、そして情報、通信、補給といった作戦遂行のための完備されたシステムである。チェーンストアの経営はこれに非常によく似ている。規律正しい社員と精緻に組み立てられたシステムの次に来るのは、経営トップの検証である。

ヨーカ堂には「リーダー」が2人いる。1人はもちろん、創業者オーナーである伊藤その人だが、もう1人は「業務改革委員会」の最高責任者、副社長の鈴木である。

取材班は、人と商品の管理技法の巧みさがヨーカ堂の強さであると規定した。この仕組みを作り、精緻化してきたのはセルフ・チェックの考案者でもある鈴木だ。伊藤哲学の翻訳者の枠を超えた存在の大きさは、流通界の寵児、セブンイレブンの生みの親であり、かつ、育ての親でもあるという実績に裏付けられている。

伊藤と鈴木。現実主義者の点で共通する2人は、伊藤が千住の洋品店主から叩き上げた生粋の商人であるのに対し、鈴木は東京出版販売から途中入社（昭和38年＝１９６３年）して以来、一貫して人事、管理畑を歩いたテクノクラートである。「販売、仕入れという小売業の現場を一切経験したことがない」（鈴木）。

スーパーの経営者はほとんどが創業者オーナーだが、鈴木の立場に匹敵する人物をほかに求めることは不可能だ。創業者オーナーとは元来、自分の地位を脅かすナンバーツーの存在を、決して許さないものだ。しかし、伊藤は鈴木の資質を見抜き、「マネジメント能力は私よりも上」と言って実務を委ねた。なぜか――。

「中小企業の経営者とは自分の全財産を会社に賭けた人間である」。この伊藤の肉声以上に説得力ある解答は見当たらない。自分の全財産である企業は絶対に潰せない。企業が自分の制御可能範囲を超えて成長したら、自分の能力以上の人間に運営を任せる以外に企業を救い、財産を保全する術はない。この大目的のためには、すべてを我が意のままに動かしたい、という衝動を抑制する類いまれな禁欲精神。伊藤の経営者としての特異な資質があって初めて、伊藤と鈴木のバランスが保たれる。

「ヨーカ堂ほど分かりにくい会社はない」。同業の経営者の多くがこう語る。その収益力の高さは決算数字を見れば一目瞭然。にもかかわらず、その企業行動は時として石橋を叩いても渡らぬ慎重さを見せるかと思えば、同業を唖然とさせる革新性をも垣間見せる。

ヨーカ堂は昭和58年（1983年）、シンガポールへの出店を決めかけたが、土壇場で撤回した。「ROI（投資収益率）ではねられた。数百億円の投資に対し、数十億円の赤字が相当期間続くという結論が出たからだ」（前常務の山本卓司）。「ROI」は伊藤が好んで使う事業の採算概念で、ヨーカ堂イズムの象徴だ。

百貨店、海外という2つの意味で未知の事業への挑戦。採算に合わない、という唯一の理由で、ロマンへの誘惑を絶ち切ったのである。

「世間で言われるような効果が本当にあるのか」（鈴木）。自社クレジットカードの発行も昭和59年（1984年）、見送られた。流通業界では顧客情報を把握すると同時に、キャッシングによる金融収益を狙い、自社カードの発行に踏み切る企業が多いのだが、「餅は餅屋に」というのだ。

## 手堅さと革新性が同居する

こうした慎重さの半面、革新性を物語る事例にも事欠かない。古くは、まだ本格的なチェーン展開を始めて間もない昭和40年代初頭（1965年頃）に、駐車場を備えた国内では前例のない郊外立地の大型店を出店、業界関係者は「失敗すればヨーカ堂は潰れる」と噂し合ったものだという。そして、セブンイレブン（コンビニチェーン）、デニーズ（レストランチェーン）という外資との提携による新業態の開発である。

最大の革新は日本で第1号のコンビニの業態開発であろう。「セブンイレブンの事業化を強力に主張したのは鈴木君で、伊藤さんはむしろ消極的だった。伊藤さんはサウスランド社（米国でセブンイレブンチェーンを展開）に提携を断りに行ったと聞いている。鈴木君はセブンイレブンでチェーンストア理論を本格的に学ぼうとしたのではないか」。同業のトップはこう見る。

動機はともかく、鈴木首謀説は事実。セブンイレブンは鈴木の執念で事業化にこぎ着けた。米国のチェーンストアを研究し、郊外大型店時代の到来を読み込んだのは伊藤だが、米国にお手本があるという点では共通するコンビニの事業化で、伊藤と鈴木の判断は決定的な食い違いを見せた。

生粋の商人と合理主義者の生むハーモニー。ここにヨーカ堂の企業行動の分かりにくさを解くカギがある。「千住時代から30年来の知己」というメーンバンク、三井銀行取締役相談役の小山五郎は、「伊藤さんは、30年前と全く変わらぬ謙虚さ、人から学ぶ姿勢を持ち続けている」と語る。伊藤一族の持ち株の時価評価額は3000億円を下らない。この日本で指折りの大資産家の物腰は30年前と一切、変わらないというのである。

「羊華堂」(ヨーカ堂の前身)時代からの子飼いの大番頭、副社長の森田兵三は言う。「我々は最初から10店、20店の店を出そうなんて考えたことは一度もない。1店、1店、間違いのない店を作ってきた。80%の確率がなければうまくないんです」。「社長には社員の男女比率を3対7に保てという指示を受けた。世帯主である男子社員の生活を保証できる自信がなかったんです。昭和42~43年(1967~1968年)頃ですよ、この比率を崩していいという許可が出たのは」(舛川専務)。収益力日本一の小売業経営者は、今でも中小企業時代の絶えざる倒産、生活崩壊の恐怖から解放されていないのではなかろうか。「社員のモラルの源泉は」の問いに、サラリーマン出身の鈴木は「自分の存在を認められることだ」と即答する。サラリーマンである以上、企業は仕事を通じて自己を表現する道具にすぎない。純粋培養の合理主義者なら一層、この意識が強いはずだ。鈴木の自己実現欲求が、セブンイレブンの創業と発展、そして今、ヨーカ堂の業革となって爆発する。

「鈴木君は伊藤さんのアンチテーゼだ」（金融機関トップ）。伊藤の危機感と鈴木のエネルギーがぶつかり合う。危機感が勝つことが多いのだが、エネルギーがそれを上回ることもある。ヨーカ堂の慎重さと革新性は、こう考えるとある程度理解できる。

伊藤の思想を基本に、伊藤と鈴木の2つの個性が織りなすヨーカ堂の企業行動パターンは、西武流通グループとの対比で、一層はっきりと浮かび上がる。両雄の企業行動のことごとくが対極に位置するからだ。

伊藤と堤清二。2人の経営者の個性が2大流通企業集団の行動に色濃く反映した結果だ。「堤の事業家としての資質は不動産事業で財を成した父、康次郎の開発型事業の感覚を受け継いだ」と側近の一人は分析する。「生まれながらの多角化指向」は小売り、外食からメーカー、金融、保険、レジャー……と際限なく広がる。

堤の個性を象徴するキーワードに「市民産業」がある。流通業の枠を超えて拡大する事業を総括する概念だが、「国民」でもなければ「庶民」でも「消費者」でもない、「市民」という言葉の選び方がいかにも堤らしい。商人型ではない、インテリの発想なのだ。まね事ではない独創で、世間にアピールすることで、自らの存在を証明したいという強烈な欲求……。利益は目的ではなく、新しい試みのための道具とみなされる。

「(西武百貨店で)必要以上に儲けを出せば、社員に油断が生じるし、税金を持って行かれるだけだ」(日経ビジネスのインタビューに答えて)。学生時代に共産主義運動に走ったという思想性に加え、堤自身はゼロからの出発だったにせよ、鉄道グループの信用が後ろ盾にあった。

## 確実性重視で西武とは対極

確実性の検証が甘い西武は、身軽に新事業に飛び出す。創造的な事業の提案を受け入れてくれるのは時代の変化に最も敏感な豊かな先端的消費者だ。インテリ、文化人の体質とも共鳴する。

西武の変化先取り型事業はこうして生み出されるのだが、この結果、グループ95社、総売上高2兆6000億円の日本最大の流通企業集団は、ことごとく低収益企業となる。

西武との対比でもう一度、ヨーカ堂の体質を点検するとこうなる。「お客様」「気味悪い」「怖い」がキーワードの伊藤は純粋商人型であるがゆえに、小売業の基本的な範疇《はんちゅう》を一歩も出ようとしない。新業態の開発に当たっても、必ず外部にお手本を求める。何も後ろ盾がないから信用は自らの手で作り出さねばならなかった。

「お金がなかったから」(伊藤)始めたリース方式の出店は、初期投資の負担を軽くし、高収益体質の基礎となったが、いったん出来上がった高収益→高株価の循環は途中での修正を許されない。

同じ商人型のダイエー社長、中内が土地の含み利益を軸に経営を展開したのと好対照だ。ストックのないフロー重視の経営にとって、担保は収益以外に求めようがないのだ。

不確実なことはできないから、最も保守的な消費者である大衆から離れようとしない。「サラリーマンの年収は平均400万円台。過去10年間で実質賃金は15%しか伸びず、自動車ローンで収入の15%を食われている」(伊藤)。

「お客様のニーズ」の変化にリードタイムを置かずに対応して動く、変化対応型だから、市場から決して浮き上がらない。利益のチャンスに挑戦する前に、ロスの排除に関心が向く。そして、徹底した管理が利益を確実にする。

ヨーカ堂グループの全容は30社、総売上高1兆1000億円。西武やダイエー（グループ137社、総売上高1兆4000億円）に比べれば小ぶりだが、傘下の企業のほとんどが高収益、好財務のいわゆる優良企業集団なのである。

かくして、金融機関の評価は真っ二つに分かれる。「将来性の西武」と「安心できるヨーカ堂」――。

ここに興味深いデータがある。日本消質経済研究所が昭和59年（1984年）10月に実施した企業イメージ調査（小売業、東京分）によると、総合ランキングのトップは西武百貨店。以下、丸井、高島屋、西友、ダイエーと続き、ヨーカ堂はやっと8位に顔を出す。個別項目で唯一高い評価を受けたのは「親しみやすさ」の西友に次ぐ第2位で、「研究開発将来性」「経営者」の各項目とも、西武、ダイエーに後塵を拝している。「就職意向」に至ってはベスト10にも入ってこない不人気ぶりだ。

玄人受けはするが一般には不人気、という企業は珍しくない。しかし、これほど評価の分かれる企業はちょっとない。その社風の、強烈に見える個性は、一度顧客の前に出ると決して自己主張をしない、まるで水か空気のような存在となって外部の人間＝消費者の意識に上ってこない。しかし、業界の関心は今、ヨーカ堂の一挙手一投足に集まっている。静かなる流通革命、業革の行方である。

業革の目標は、「消費者が欲しい時に欲しいものが店にある状態を作り出すこと」にある。ヨーカ堂版カンバン方式の完成だ。社内合理化にとどまらず、流通機構の構造変化を促すインパクトを感じるからこそ、関係者は注目する。

「船橋の実験」として有名な集中配送の試みは、昭和60年（1985年）3月まで6カ月間行われた。一部の食品の配送を一本化、複数の問屋の商品を指定問屋に集荷して、個分けした後、ヨーカ堂の店舗に納入する。メーカーや問屋は反発、「一方的な押しつけになった。業革の趣旨に反する」（鈴木）というヨーカ堂自身の反省から中断したが、これが目指す方向であることは間違いない。

小売りが仕掛けた、小売りの論理による物流マージンの争奪戦が始まろうとしている。大方の見方は好意的だが、「メーカー、問屋、小売りのバランスを崩し、小売りのマージンの取り分を増やすには限度がある。いずれそっぽを向かれ、自分で物流に手を出さざるを得なくなるだろう」という見方もある。

しかし、「お互いの利益になることでなければ長続きしない」（鈴木）という建前は、ヨーカ堂に関する限り本音だろう。業革の発想がヨーカ堂の現場主義、効率主義の体質から出たものである限り、自らの手で投資をする場合と外部の機能を利用する場合の厳密なコスト比較をした上で、その均衡点をできるだけ自分に引きつけようとする企業だからだ。「価格破壊」を掲げて、既成秩序に真正面から闘いを挑んだダイエーの流通革命は行き悩んでいる。足元だけを見つめ、ＲＯＩを基準にするヨーカ堂の行動パターンは、この物流マージンの争奪戦にもそのまま反映されるに違いない。小売業の現場からの説得力ある論理だけに、ヨーカ堂主導の流通革命は着実に進むだろう。

## 百貨店は「つまらない選択」か

業革がいかにもヨーカ堂らしい革新なら、この秋（１９８５年秋）、埼玉県春日部にオープンする百貨店事業は、「逆風が吹く百貨店に新規参入する気が知れない」（百貨店首脳）、「労多くして益少ない、最もつまらない選択」（スーパートップ）と甚だ不評だ。ヨーカ堂は、「スーパーは嫌だが百貨店なら来てもらいたい、という誘致要請がある。出店のためのメニュー（業態）を豊富にしておくためだ」と主張する。ＲＯＩ思想からは必ずしも説明のつかないこの事業を「伊藤さんの夢」と見る向きは多い。それはともかく、業界関係者が問題にするのは、百貨店事業の成否ではない。

「現在は脱店舗小売業の時代だ。研究開発の対象は店舗がすべてではないはず。ヨーカ堂、セブンイレブン、デニーズという3つの事業を大成した企業が、なぜ第4の柱を考えないのか不思議でしょうがない。事業の成功には環境条件が不可欠で、百貨店にその条件がないことは明らかだ」（業界トップ）。１０００万所帯を相手にするヨーカ堂の事業（スーパー、コンビニ、外食、専門店など）が提供する商品、サービスは極めて限定されている。

ヨーカ堂の業態自主規制、ＲＯＩ至上主義が続く限り、第4の革新は生まれず、高収益、好財務体質の巨大小売業という、かつて三越がたどったのと同じ道に踏み込むとの指摘もある。「優良企業ではあっても流通業界のリーダーたり得ないで終わる可能性を否定できない」。こう漏らす業界関係者は決して少なくない。

業革といい百貨店事業といい、いずれもそれ自体が販売量の拡大、企業の成長に大きく貢献するものとは考えにくい。ヨーカ堂は大手スーパーの中では高い売上高成長率（連結ベース）を誇ってきた。成長による組織の拡大こそ社員のモラルの源泉である。「質を追求すれば量は伴ってくる」と鈴木は言うが、果たしてそうだろうか。

業界のもう一つの関心事は、伊藤の長男、裕久のヨーカ堂入りだ（昭和60年7月＝1985年7月）。伊藤＝鈴木の名コンビの後の体制、後継者問題にほかならない。

この質問に対する伊藤の答えは「ノーコメント」。誰が継ぐのかはともかく、2人の果たしてきた役割を因数分解して、その継承性の可否を問うことは、ヨーカ堂の将来を占う上で、一つの重要な視点になる。

## 「伊藤と鈴木」の継承は可能か

これまで見てきたように、伊藤の役割は、身ぎれいな、しつけの行き届いた商人づくりへのあくなき注文と、巨大流通グループの総帥となってなお堅持し続ける中小企業家の危機意識に集約される。鈴木の役割は、システムを作り上げ、その機能を純化させるコーディネーターであると同時に、自己実現エネルギーの燃焼による革新へのパワーだろう。

人間づくりとシステムのメンテナンスは既にヨーカ堂文化として体内化され、再生産する仕組みが出来上がった。2万人のひたむきな生真面目集団は、その組織の感化力で新入社員たちを同化し続けるだろう。セブンイレブンを先導役に、そのシステム技術の応用導入という循環が既に始まっている。残るは、危機感と革新へのエネルギーである。

たとえROI思想のビルトインが果たされたとしても、絶えざる危機の感知と演出能力の継承は困難を極めるに違いない。極端な管理型組織は、個人のエネルギーを圧殺しがちだ。鈴木が作り上げた組織は、果たして、第二第三の鈴木を送り出してくるだろうか。

＝文中敬称略

（日経ビジネス1985年8月5日号の特集「強さの研究イトーヨーカ堂　建て前を本音で実践する儲けの美学」を再編集しました。社名、役職名は当時のものです。）

# 3節 鈴木敏文の矜持「己を殺して自我を貫く」

日経ビジネスが、鈴木敏文の人物ルポルタージュを初めて掲載したのは1986年。その頃の鈴木はイトーヨーカ堂の副社長で、既に同社ナンバーツーとして確固たる地位を築いていた。ヨーカ堂の業務改革やセブンイレブンで成功を収めた鈴木は、流通業界内でも高い評価を得ていた。ただ、そのサラリーマン人生は、平坦なものではなかった。

水の入ったグラスを片手に、主役の一人は招待客の間をこまめに歩き回っていた。伊藤雅俊である。いかにも商人らしい伊藤の如才ない物腰とは対照的に、もう一人の主役はウーロン茶のグラスを持った肘をもう片方の手で支え、背筋を伸ばした格好でひとつところに立ち尽くしている。客の方が彼を探し出して近付いてくるのだ。挨拶の仕方も、伊藤が腰をかがめて深々と頭を下げるのに対して、その男は伸び上がるようにした後、心持ち身を沈める程度の軽いものである。

1986年、日経ビジネスの取材に応じる鈴木敏文氏

毎年恒例のイトーヨーカ堂のマスコミ懇親会が昭和61年（1986年）5月8日、グループ企業の主要役員全員が顔を揃えて東京会館で開かれた。立食パーティー形式の会場で、社長の伊藤とは好対照に振る舞う男こそ、ヨーカ堂副社長、セブン-イレブン・ジャパン社長の鈴木敏文である。無愛想なこの男の周囲には、しかし、伊藤以上に多くの記者が群がる。そして伊藤と鈴木が並んで会話を交わす光景にはまずお目にかかれない。

小売業界で収益力ナンバーワンの座を固めたヨーカ堂グループには2人のリーダーがいる。一人は創業者オーナーの伊藤だが、過去数年来、実務面を一手に取り仕切っているのは鈴木だ。2人の絶妙な取り合わせがヨーカ堂をスーパー業界で並ぶ者のない優良企業に育てたことは誰もが認めるところだが、その個性は対照的とも言えるようだ。

流通業界では当然のことながら、この2人に対する講演依頼が多い。伊藤は事前にデータを揃え、入念に原稿を書き上げてレジュメを配るのだが、鈴木の方は原稿なしの出たとこ勝負。その性格からして、せっかく自分の話を聞きに来た聴衆に十分な準備をしてかからねば相済まぬと考えるのが伊藤なら、鈴木は聴衆の関心の所在を探りながら、その場その場で臨機応変の話題を操り出すことが自分の役目と心得ている。

## テコでも動かぬ強情さ

こんな話もある。セブンイレブン常務の岩国修一が肺と腎臓を摘出するという大手術をして入院した時のことだ。セブンイレブンの会長も務める伊藤が前後5回、岩国を見舞ったのに対し、社長の鈴木は一度病院を訪ねたきりだった。「うがちすぎかもしれないが」と前置きして岩国が語る。「私の立場からすると、伊藤さんから『十分に養生してくださいよ』と言われると、早く会社に出て来い、と聞こえてしまう。鈴木さんは自分が行けば私が焦ると分かっていて来なかったのかもしれませんね」。

岩国の想像が当たっているとすれば、伊藤の気配りは時に相手に思わぬプレッシャーをかけるのに対し、鈴木の方は気配りしていないように思わせる気配りをする。少なくとも、こうした個々の事例を見る限り、鈴木が、オーナーに仕える番頭としては、かゆい所に手の届く世話女房型の人間ではないことだけは確かだろう。

とっつきの悪い、どちらかというと無精にさえ見える鈴木は、しかし、これと決めたらテコでも動かぬ強情な一面を持つ。鈴木とは同郷（長野県出身）で大学（中央大学）以来というから、30年近い付き合いの日本商業企画研究所社長の小笠原英一がこんなエピソードを語ってくれた。鈴木が初めて自分の家を買い求めた時のことだ。

スーパーの立地コンサルタントが仕事の小笠原は不動産の世界に明るいというので、東京都下、花小金井の不動産業者に同行を求められた。鈴木は３５０万円の値がついた建売住宅が気に入ったのだが、この価格交渉が大変なものだった。午後2時に始まった交渉は夕刻になって、不動産業者が３１５万円まで折れたのを見て、小笠原はてっきりこれで手を打つものと思った。ところが2人が不動産業者の事務所を後にしたのは夜の8時を回っていた。鈴木はとうとう３００万円まで値切ったのだ。「商売人を相手にあそこまでやる人間はちょっと知らない。感心したのは絶対に300万円で買えるものと思い込んでいるところだ」と、小笠原は半ばあきれ顔で語る。

鈴木の今日を築いたのは日本で初のコンビニエンスストアチェーン、セブンイレブンの成功だが、米国でセブンイレブンを展開するサウスランドからノウハウを導入する際にもその強情さはいかんなく発揮された。提携交渉の最大の山場はロイヤルティーの設定だった。「まけろ、まけない」の虚々実々の駆け引きが行き詰まったところで鈴木は「これ以上、何も言うことはない」と言うなり半日間、腕組みをしたまま黙り込んでしまった。ノウハウを欲しいと言って来ている方が、仏頂面をして座り込んで動かないのだから相手もさぞ面喰らったことだろう。この時も鈴木はダンマリ戦術で、相手が要求したロイヤルティーを1％下げるのに成功した。果たして成算があったのかどうかは分からぬが、とことん主張した後は開き直る。ここ一番というところでは鈴木に妥協はないのだ。

初めてゴルフコースに出た時、1ランウドが18ホールあることさえ知らなかった、という逸話が残っているほどに物ぐさな面倒臭がり屋と、ここ一番で開き直れる芯の強さ。東販（東京出版販売、現トーハン）、ヨーカ堂と、鈴木と同じコースを歩いてきた専務の佐藤信武は、「自然体で無理をせずに、それでいて自分の意志を通してしまう特異な才能」

と解釈してみせる。

## 小売店との共存共栄を

セブンイレブンの創業に際してはヨーカ堂役員の8割方が反対に回ったと言われる。昭和47年（1972年）当時、業界には時期尚早論が圧倒的で、伊藤自身、サウスランドに提携話を断りに出かけたのが、話の弾みでひっくり返ったとさえ言われるほどだから、積極推進派は鈴木くらいのものだった。しかし、「対立を深めていたスーパーと小売店の共存共栄を図り、小売店の絶対的な生産性の低さを何とか打破するためにもやってみる価値のある事業だと思った」と言う鈴木は、自分の意志を実現するための方策を考え出す。

サウスランドが自社店舗を中心にチェーン展開していたのに対し、セブンイレブンは既存小売店をフランチャイジーに仕立てて出店する道を選んだのだ。このアイデアはなかなか良くできている。自社店舗でなく既存の小売店をチェーンに引き入れることで、スーパーとの共存共栄の大義名分が与えられるばかりか、出店費用はフランチャイジーが自己負担するから本部（本社）のリスクを最小に抑えることができる。伊藤が契約にサインしたのは失敗しても損失は軽いという安心感があったからだろう。セブンイレブンのヨーカ堂からの借入金はピーク時でも7億円を超さなかったという。

無理をせず、物事の流れを自然体で捉え、しかも、そこに大義名分＝筋論を巧みに持ち込んで反対意見を封じてしまう、というのが鈴木の得意手だ。この手法は新たな流通革命として小売業界に静かなブームを呼んでいるヨーカ堂の業務改革（業革）でも踏襲されている。

業革は、第2次石油危機後の業績悪化の兆候に危機感を持った伊藤の非常事態宣言、「荒天に準備せよ」のスローガンで始まった。伊藤はワンマン経営者には珍しく、自分からはあれをやれこれをやれといった指図は一切せず、明確な形で意思決定することさえまれだから、鈴木の出番となる。

「世の中の変化に、ヨーカ堂のシステムが対応できなくなった」。要は売れる商品が売れる時に売れる分だけ店舗に揃っていないのだ。ならば今までの仕事のやり方を全部捨てることから始めよう、と鈴木は考える。何が売れているのかが分かっているのか、売れている商品が品切れを起こして販売機会を失っていないか、売れない商品の在庫を過剰に抱え込んでいないか。理屈は極めて単純である。当たり前のことが当たり前にできていないのだから、そんな組織は丸ごと変えてしまえ、というので昭和57年（1982年）1月には全従業員1万人の半分に近い4300人に辞令が出るという、ヨーカ堂始まって以来の機構改革を断行した。流通業のカンバン方式を実行するには仕入れの単位をできるだけ小さくし、仕入れ回数を増やせばいい。社内合理化は問屋をも巻き込んでいく。流通革命のゆえんである。発想の流れが自然であるだけに説得力を持つ。

## まず〝死に筋〟商品を排除

しかし、この説得力を大義名分でダメ押しするところが鈴木流だ。業革の大義名分、すなわち筋論は、世の中の変化とか、消費者の利益とかの空虚なスローガンではない。産業として見た場合、製造業に比べて小売業の合理化は遅れているという脅しと、売れる商品を売れる分だけ仕入れるのだから、問屋もメーカーもマーケティング情報が得られ、返品が減れば効率も改善するという実利を分かち合えることが業革の大義名分だ。「小売業だけがいい思いをするようなことが長続きするはずがないし、ましてやヨーカ堂だけの利益などあり得ない」（鈴木）。前後左右の整合性のマトリックスの中で、徹底して筋を通せば自ずと道は開けてくる。

業革の発想にはもう一つ、鈴木という人間の特異な思考パターンが加わっている。筋論で物事を処理するから論理的なのは当然だが、アプローチの仕方が逆張りなのだ。売れる商品を売れる時に売るだけ揃える、という命題は当たり前すぎて問題を解決するための設問としては意味をなさないに等しい。そこから出てくるものは精神論、抽象論の類だろう。

そういった曖昧さを嫌う鈴木は、同じ目標を達成するために、全く逆転した発想を持ち込む。何が売れていないかを発見して、〝死に筋〟商品を排除していけば結果として〝売れ筋〟商品が残る、という発想である。業革の成功は実のところ、現時点で見る限り、この逆立ちした〝死に筋〟排除による在庫削減効果にほとんどすべてを負っているといってもいい。

「無理をしない自然体」を大義名分の筋論で補強する正攻法が鈴木流問題解決手法だとすれば、問題発見とアプローチの選び方は正攻法というよりもかなりひねった技巧派だ。こうしたもう一つの性格について、鈴木に近いある人物は「何事につけても懐疑的に物を見る。既成の概念を頭から信じないし、人間についてもよくよく信頼できると見極めない限り、決して懐に入れない人だ」と論評する。既成概念にとらわれず、すべてのものをまずは疑ってかかるという懐疑的な性癖は、鈴木が歩んだ、サラリーマンとしては特異な人生航路と無縁ではなさそうだ。

鈴木は昭和31年（1956年）に中央大学を卒業して東販に入社しているが、この就職は本意ではなかった。本人が語るところによると、「ブラックリストに載っていたので銀行や商社は最初からハネられた。マスコミならそううるさくないと思って受験したが、落とされた」と言う。ブラックリストというのは、学生運動に関わった活動家歴を指す。鈴木は大学2年の時、全学自治会の書記長に推され自治会活動に没頭する。

学生活動家といっても、いわゆる左翼学生ではなかったようだ。レッドパージも終わり、左傾化していた日本社会全体が揺り戻しの時期に当たっており、学生運動も左右対立の時代に入っていた。鈴木自身は、「右でも左でもない調停役」だったという。自治会活動の一方で、学生の頃から株式投資に手を染めている。「最初は勉強のつもりだったが、昭和37年（1962年）の株式大暴落で、信用買いをしていた松下の株が100円以上も下げて大損してからはすっぱりやめた」と言うから、左翼思想に漬かって観念論を弄ぶ、いわゆる学生活動家ではなかったことは確かなようだ。

## 一流の人と接し、劣等感が

父親のコネで心ならずも入った東販では、入社半年後に出版科学研究所に出向、その後は広報課に配属されている。そして東販でも鈴木は組合運動にタッチする。昭和37年（1962年）の役員選挙でいきなり書記長に祭り上げられたのだ。当時の東販労組委員長で同社取締役の堀邦夫によれば「ちょうど、新組合が労使協調路線で組織の立て直しにかかった時期。鈴木君は手八丁、口八丁。とにかく抜きん出た存在で、大衆動員のコツを知り尽くしていた」と語る。前出のヨーカ堂専務、佐藤信武は堀執行部の書記局員として鈴木の配下にあった。

団交の切り込み隊長として生産性向上をうたった労使協約をまとめるなど、当時としては斬新な実績を残しながらも、鈴木は2期1年の組合役員の任期切れと同時に東販を去る。「徳川家康」「図々しい奴」がベストセラーとなり、「流通革命」という書名の単行本が出版された時代。高度成長に世の中全体が浮かれ、ようやくスーパーが勃興しようとしていた。しかしヨーカ堂はといえば、有力な後ろ盾もなく、北千住の仕舞屋風の2階建ての店舗兼事務所のほかに4店の店があった程度。1年後、鈴木の後を追うようにヨーカ堂に転じた佐藤は「売上高１００億円と聞かされたのは真っ赤なウソで、実際は70億円足らずだった」と告白する。

「組合員の人望を集め、上司も鈴木君の手腕を買っており、辞めると言い出した時は慰留に努めた」と堀は言う。鈴木自身は転職の理由をこう語っている。「広報課での仕事は、新刊本の紹介を内容とする業界のＰＲ誌の編集だった。版元を通してＰＲのために面会を求めるのだから、谷崎潤一郎や山岡荘八などの著名人とも簡単に会えた。しかし一流の人物に接するほどに、ご用聞きみたいな仕事が惨めに思えてきた」。強烈なコンプレックスが鈴木を突き上げ始めたのだ。

話は複雑になるが、伊藤の意を受けて鈴木にスカウトの声を掛けたのは前出の小笠原である。小笠原は鈴木ばかりか、委員長の堀にも話を持ちかけていた。その堀が語る。「鈴木君の経歴はかなり変わっている。実業高校から中央大学に進み、東販での仕事も研究所とか広報課とかスタッフ部門のみで営業の経験がない」。エリートコースとは言えない道に踏み込んだ鈴木の目に、東販のような古い体質の企業では、年功序列の階段はあまりにも長く遠いものに映ったと見ても間違いではあるまい。

空しい仕事と将来への絶望、おそらくはその両方だったのだろう。鈴木は東販を去る決心をした。同じ年生まれの堀は、「2人とも最初の子供が生まれた頃。生活の安定をとるか、将来の可能性をとるか。相当な条件を示されたようだが、保証はなかったのだから、自分の力に自信がなければできない決断」と、残った者の目で、去った鈴木を見る。鈴木は「一念発起といった大袈裟なものではなかった」と言うが、それまでのサラリーマン人生に見切りをつけ、賭けに出たことは確かだろう。

## 発想・行動の奥に伊藤の影

ヨーカ堂に移ってからのポストも変わっている。ごく短期間、商品の検品の仕事をやった後は一貫して販売促進と人事を担当した。いずれもいわば後方支援で、仕入れや販売といった商売のイロハには一切タッチしていないのだ。「仕入れと販売の間に立つ販促にしても人事にしても、自分の仕事だけがうまくいくなんてことはあり得ない。全体がうまくいって初めて成り立つ仕事だから、自然に会社全体のことに口を出すようになった」。商売の現場を全く経験したことがない鈴木の特異性は、根っからの商売人である伊藤との棲み分けを可能にした点で意味を持ってくる。

ヨーカ堂内で着々と力を蓄えていった鈴木だが、順風満帆だったかというとそうではない。本人は、「会社は順調に発展し大赤字なんてこともなかった。自分と仕事の関係だけが問題だった」としか語らないが、周囲は鈴木が幾度かの進退を賭けた〝危機〟に遭遇したはず、と証言する。最後の危機は、鈴木が常務時代だったというから、もうかれこれ10年近く前のことだ。

セブンイレブンを上場させ、事実上のナンバーツーとして頭角を現してきた鈴木に、自分の地位を脅かされると感じたある役員が保身に動いたのが原因らしい。ドロドロとした一種の人事抗争なのだが、ある人物は「鈴木さんが、こんな嫌な会社はもう辞めたいと言ってきて、なだめるのに往生した」と打ち明ける。

元をたどれば、人一倍バランスを配慮する伊藤が実力者の鈴木の上に年配の専務を配し、ナンバーツーを明確にしなかったことが遠因、との見方もある。想像だが、鈴木にすれば会社のためにならないことが分かり切っているのに、物事をはっきりさせない伊藤への不満もあったのかもしれない。第三者を交えた伊藤、鈴木の三者会談でやっと翻意させたというから、よくよくのことだったのだろう。

ヨーカ堂グループのヨークベニマルは昭和61年（1986年）5月に専務の大高善二郎

を副社長に昇格させているが、善二郎の兄で社長の大高善兵衛は「ナンバーツーをはっきりさせた方がいいという鈴木さんの勧めで決心した」と語る。ヨーカ堂で自分が経験した轍を踏ませまいとする鈴木の配慮、と見るのはうがちすぎだろうか。

「創業者オーナーは誰もがわがままで気性が激しいもの。仕える者の気苦労が多いのは当たり前」と言うのは、かつて松下幸之助（松下電器産業相談役）、井植歳男（三洋電機元社長）に仕え、現在は高橋高見（ミネベア社長）の下でNMBセミコンダクター社長をしている田村巧だ。一芸に秀で、裸一貫から叩き上げた人間の性格は、並のサラリーマン人生を送った人間とは違ったものだというのだが、伊藤とて例外ではなかろう。鈴木の発想と行動の奥には絶えず伊藤の影が見え隠れする。

安定したサラリーマンの道を捨て、海のものとも山のものともつかぬ中小スーパーから再出発した鈴木だ。人並み以上の野心があって当然だろう。かつて鈴木には、社員をつかまえては「この決定をしたのは誰だと思うか」「俺をどう思うか」と聞いて回った時代があったという。自分の存在が他人の目にどう映っているのか気になり、確認したいと思うのは人間誰もが持つ正当な欲求である。しかし、これはオーナー経営者の下ではかなり危険な行動でもある。絶対権力者であるオーナーの下で自我を押し殺しつつ、しかも己の意志をまっとうするという綱渡りに近い芸当をやってのけたからこそ、今日の鈴木がある。

## 自然体を大義名分で補強

こう考えると鈴木の性格や発想法、行動様式は必ずしも持って生まれたものだけとは言い切れないようにも思えてくる。例えば、自然体で前後左右の整合性を配慮しながら大義名分の筋論で押しまくる手法には、学生運動や組合運動を通じて身につけた組織の力学の匂いがある。それを自らが立脚する微妙な立場で意志を貫くための一種の高等な処世術として使っているとの解釈もできる。無理のない自然の流れと大義名分は外部に対すると同時に、伊藤に向けられたものとも言えるからだ。

野心や私心で物事を判断し行動しているのではないことの証明は、まず、何よりも先に伊藤への説得材料なのである。鈴木が実力を蓄えるにつれ、この命題はいよいよ意味を増す。伊藤を説得して己の意志を通そうとすればするほど、会社にとって何が重要で何をしてはならないかが唯一絶対の基準になってくる。その過程で不純物が濾過《ろか》されるから、鈴木の思考はいよいよ無機質に近づく。ヨーカ堂の経営が大向こう受けしない半面、着実で透明な鋭さを持つのは、伊藤の心配性と潔癖さに無機質であることを否応なく突き付けられた鈴木の自己実現欲求が加わってくるからなのだ。

伊藤、鈴木と30年以上も付き合っている小笠原は「あの2人は腹の中をさらけ出し、感情をぶつけ合ってなおかつ理解し合うというほどの最高の相性ではない。最後の最後では結局はかみ合わないのだが、そこがいいところだ」と、微妙な言い回しで2人の関係を表現する。2人の間の張りつめた緊張関係こそがヨーカ堂を律する糸だというのである。

こうした緊張もあったのか、鈴木は昭和58年（1983年）に肝臓を患い2回の入院を経験した。しかし、この病の時期を境に鈴木は変わったと見る向きが多い。自ら生んで育てたセブンイレブンが小売業界時価総額ナンバーワンの超優良企業となり、陣頭指揮を執ったヨーカ堂の業革も流通業界に着々と浸透して、経営者としての鈴木の評価が動かしようのないものになったからであろうか。

今回の取材で同行したカメラマンは、かつて伊藤も撮っているのだが、ファインダーからのぞいた鈴木の手の組み方や椅子への腰かけ方の仕草が伊藤にそっくりだったと言う。その伊藤に鈴木評を求めると、「冷静な人です」の一言が返ってきた。「マネジメント能力では私より上」と認める伊藤は、後を託そうとする長男の教育を鈴木に委ねている。

＝文中敬称略

（日経ビジネス1986年6月9日号の連載「シリーズ人」の「『己を殺して自我貫く』鈴木敏文セブン-イレブン・ジャパン社長」を再編集しました。社名、役職名は当時のものです。）

# 4節 リーダーの研究 鈴木敏文「成功体験を捨てよ」

1992年、総会屋事件の責任を取って創業者の伊藤雅俊が引退した。後を託された鈴木敏文はイトーヨーカ堂社長、セブン-イレブン・ジャパン会長に就任した。日経ビジネスでは、鈴木がヨーカ堂グループのトップに就いた約2年後に密着取材し、鈴木の特集を組んでいる。既にこの時、鈴木は現代に通じる確固たる経営スタイルを築いていた。

「そのような企画は勘弁してくれよ。ますます〝裸の王様〟になってしまう」

1994年11月2日午後、日経ビジネスの取材申し込みに対して、鈴木敏文は、こんな返事を繰り返した。

イトーヨーカ堂――売上高1兆5363億円、経常利益820億円

セブン-イレブン・ジャパン――売上高1956億円(チェーン全店売上高1兆2819億円)、経常利益881億円

デニーズジャパン――売上高929億円、経常利益59億円

（いずれも1994年2月期）

グループ3社の業績を並べてみると、その収益力に驚かされる。小売業でセブンイレブンは経常利益トップ、ヨーカ堂は同2位の座にある。

「在庫を絞れば利益は出る」「消費者ニーズは多様化していない」――。鈴木が唱える経営の指針は、いつも周囲から反常識的な発言として受け取られてきた。だが、その発言通りに時代が後からついてきたのは事実である。

全産業がコスト破壊、価格破壊に邁進《まいしん》する今、あえて「価値こそすべて」と語り、メーカーを巻き込んだ商品開発に取り組む。日本の製造業にとって、鈴木は大きな存在になりつつある。

総売上高2兆8000億円の企業集団を率いる鈴木には「冷徹な合理主義者」のイメージがつきまとう。確かに、仕事に対する姿勢は厳しい。だが冒頭の発言からも分かるように、その素顔は「はにかみ屋」「照れ屋」……。どちらかというと内向的な性格の表現が当てはまる男である。

創業経営者がひしめく流通大手の中にあって、サラリーマン出身の鈴木は異質だ。

1932年（昭和7年）12月生まれ、62歳。大学卒業後、雑誌・書籍流通の東京出版販売（現トーハン）に入社、30歳の時にヨーカ堂に転じた。その後は創業経営者・伊藤雅俊の下で、セブン-イレブン・ジャパンの設立、ヨーカ堂の「業革（業務改革）委員会」の発足と、強烈なリーダーシップを発揮した。

1992年の総会屋事件で伊藤が身を引くと、ヨーカ堂社長、セブンイレブン会長に就任。一方で、資本傘下に入れた米国サウスランド社の副会長として年4回渡米し、米国人役員を前に采配を振るう。

価格破壊、製販同盟、国際化……。経営のキーワードが錯綜するなかで、鈴木は何を考え、どのような発言・行動をしているのか。サウスランド社が本社を置く米国ダラスから日本のヨーカ堂グループまで、約2週間、鈴木の足どりを追った。

## 米サウスランド社を3年で軌道に

1994年11月16日

サウスランド社の正式役員会は年4回、四半期決算ごとに開かれる。その都度、鈴木は

1994年、日経ビジネスは鈴木敏文氏に約2週間、密着取材した

伊藤やヨーカ堂の取締役相談役らサ社日本人役員と共に渡米し、約1週間ダラスに滞在する。

一行は11月10日、アメリカン航空の成田発直行便ファーストクラスで到着、市内のロウズ・アナトールホテルに宿泊した。16日は午前9時から正午まで第3四半期（7～9月期）決算後の役員会に出席した。

鈴木がダラス入りするとサウスランド社内の空気は張り詰める。サ社経営陣とのミーティングで、鈴木がゲキを飛ばすからだ。

鈴木は英語を話さない。サ社では、すべて日本語で押し通す。「わずかでも隙のある英語では、言いたいことが正確に伝えられない。だから僕の考えを正確に伝えられる英語力のある日本人役員を配した」(鈴木)。「そんな説明はやめてしまえ」「小学生並みだ」……。鈴木の言動は日本にいる時と変わらない。それを即座に日本人役員の1人が英語に翻訳する。

米国人経営陣に対して、頭ごなしに命令を下すわけではない。あくまでサ社経営陣やスタッフに再建に向けた改革案を考えさせる。しかし鈴木は改革案をどんどんはねつける。怒りを見せながらも、納得できる提案が出るまで辛抱強く待ち続ける。

## 小手先の合理化案、次々に拒否

例えば1992年に決定した物流センターの売却案。「決定に踏み切るまで、かれこれ1年は空転した」。買収交渉からサ社再建を担当するセブンイレブン副社長(サ社取締役)の鎌田誠晧は明かす。米国の大手小売業は自前の物流センターを持ち、商品を店舗に配送するのが常識だ。サウスランド社も例に漏れず、全米に物流センター5カ所、食品加工センター6カ所を設け、セブンイレブン店舗に配送していた。

だが、物流を管理する卸・配送部門は毎月300万ドルの赤字を垂れ流し続けていた。

鈴木敏文氏（右）とサウスランド社長兼CEOのマシューズ氏(左)

米セブンイレブンはガソリンスタンド併設型が多い(上)

TK（単品管理）を導入した米セブンイレブン(左)

四半期ごとにサウスランド社で開かれる役員会(右)

物流合理化は再建への優先課題の1つだった。とはいえ、サ社に物流施設を売却するなどの発想は毛頭ない。それだけにサ社の提案は小手先の合理化にすぎなかった。当然、鈴木は提案を次々と拒否していった。

サ社経営陣が切羽詰まって提案したのが、売却案だった。「いいじゃないか」と鈴木。「それからが早かった。鈴木はウォルマートの物流子会社のマクレーンに出向き、売却交渉を始めた」(鎌田)。

買収から3年。サウスランド社再建は軌道に乗りつつある。サ社の1994年第3四半期売上高は18億3219万ドルと、225店を売却・閉鎖したにもかかわらず、4年ぶりに前年同期の実績を上回った。純利益は4326万ドルと、特別利益を計上した前年同期に比べて実質ベースで倍増。1994年通期でも実質2ケタの増益を確保できる見通しだ。

役員会に引き続き、午後に始まった非公式ミーティングを取材した。

「ミスター鈴木の話は分かりにくい」。サウスランド社の社長兼CEO(最高経営責任者)クラーク・J・マシューズは笑う。サ社の社歴は30年。買収後、マシューズは財務担当役員から同社トップに抜擢された。それから3年間、鈴木と共に再建に取り組んできた。

## トップは明確な改革案を示せねばダメ

「一番分かりにくかったのはＴＫだった」。ＴＫとは単品管理の略である。サウスランド社内ではＴＫが経営のキーワードになっている。

「商品を単品ごとに店頭で管理する手法は誰でも分かる。鈴木の言う単品管理はそれだけじゃない。物流・仕入れから商品政策まで、経営すべてに単品管理の思想が流れている。それを理解するのに時間がかかった」

さらに鈴木にこう問い掛ける。

「今度、日本で開かれる業革ミーティングを傍聴させてくれないか」

「一向に構わない。しかし業革ミーティングは役員会や普通の会議とは違う。トップが会議のその場で改革案や経営方針を明確に示していかなければならないんだ」

マシューズは「米国でも業革委員会を発足させたい」と言う。しかし、鈴木は「米国人経営陣だけの業革は時期尚早ではないか」と、もってまわった言い方で諭している。

とはいえ、マシューズの提案は頼もしい発言でもある。ヨーカ堂グループの原動力といえる業革を口にするほど、ヨーカ堂流経営が浸透してきたからだ。年間１０００店規模のペースで改装を進めると共に、売り場では仕入れから、品揃え・陳列方法まで単品管理の実践を図る。POS（販売時点情報管理）システムのソフトウエア移植作業も始めた。

1994年3月からは、ダラス周辺の店舗でサンドイッチを製造・配送する実験を進めている。食パンは山崎製パンの現地法人、具材はクラフト・ゼネラル・フーズが供給し、プリマハムと伊藤忠商事の共同出資による現地工場がサンドイッチを製造する。

「日本のセブンイレブンのように高所得層や女性・子供も来店するコンビニエンスストアにしたい」とマシューーズ。客層がブルーカラー層中心となり収益力を失った米国セブンイレブンが再生できるのかと疑問を投げ掛ける声は多い。再建は米国流通業の常識を打ち破れるかにかかっている。

## 「業革」で鈴木哲学を伝授

1994年12月6日

基本の徹底、変化への対応……。鈴木は徹底して現場主義を説く。だが当の本人はヨーカ堂店舗をくまなく歩くわけではない。普段は現場から上がってきたデータを眺め、報告を聞き、事業の方向性を定める。その上で会議に臨み、現場の問題を解決する。中でも重視するのが、「業革委員会」という独特のスタイルをとる会議である。この日の午後1時、定刻通りにヨーカ堂の業革委員会が始まった。

「ちょっと待て。おかしいんじゃないか」。鈴木の声が会議室に響き渡る。

この日の業革のテーマは「食品部門の販売強化について」。発表者は関東のある地域の店舗を統括するゾーンマネジャー。肉・魚・野菜など食品部門の販売体制の改革を解説するのが発表の狙いだった。

鈴木が発言したのは、説明が始まって5分も経過していない時点。ゾーンマネジャーが「店舗の売上高に占める食品部門のウエイトは高い。だから、食品の販売強化が重要」と発表の本題に入ろうとした矢先だった。

業革委員会の出席者は約120人。ヨーカ堂の役員と店舗や本部の総括マネジャー、さらにはグループ会社社長が並ぶ。全員が鈴木の一言一句に耳を傾ける。

## 売り上げよりも利益率を優先

「君のすることは食品部門についてどうこう言うのではないだろう。ゾーンマネジャーは消費者の生活に欠かせない衣・食・住の商品全般を見渡して、店舗を指導しなければならないんだ」

鈴木はこう続ける。

「売り上げじゃない。利益を上げるにはどうするかを考えるんだ。売り上げの高い食品部門に注目するよりも、利益率の高い衣料品を売ることを優先すべきじゃないか」

最初から痛烈な一撃である。複数の店舗を統括する責任者の役割を問われると共に、食品について説明しようとするテーマに問題がある、と指摘されたことになる。発表者は言う。「第一歩から間違っていました。これ以上発表しても意味がありません」。

「いや、説明を続けてみなさい」

発表が中断されるのは珍しいことではない。発表を中止して、残りの時間を鈴木が演説して終わる時もある。「仕切り直し」と称して、発表を次週に持ち越すこともある。それだけに、発表の再開を許された発表者はほっと胸をなでおろした。

業革会議を通して全店の売り場に鈴木敏文氏の方針が行き渡る

だが、鈴木の追及は終わらなかった。発表者が「食品部門の統括マネジャーを中心に、売り場のスタッフが一体となって販売計画を立案するよう指導している」と語った直後である。

「待て」。再び、鈴木は発言した。

「考え方の順番が違うだろう。売り場が一体になったとしても、間違った方向に向かったら問題じゃないか。肉でも魚でも、一つひとつの商品の販売動向を調べ、なぜ売れるのか、売れないのかを考える。こうした基本的な分析を先決させなければ何も変わらない。これが単品管理なんだ」

この間、およそ1時間足らず。予定よりも30分前にこの日の業革委員会は終わった。

鈴木が重視するのは、発表の上手下手ではない。発表の内容が論理的な手順を踏んでいるかをチェックする。これを鈴木は「仮説と検証」と言う。

## 「仮説と検証」で変化に対応

仮説とは、なぜこの商品をこの数だけ売るのかの理由である。その前提には客観的データに基づき、客の商品ニーズを追求する思考が求められる。一方の検証とは、店舗で〝改革〟を実行した結果である。結果に問題があれば、新たに仮説を立て検証する。このプロセスを商品単品ごとに繰り返すことが、消費市場の変化への対応につながると鈴木は説く。だから「結果は成功だった」と発表しても、論理に飛躍があれば、鈴木はゲキを飛ばす。むしろ結果が失敗でも「仮説と検証」が論理的な思考・手順を踏んでいれば評価する。

業革は、発表者が現場の改革案のケーススタディーを発表、その場で業革リーダーが評価や全社方針を示すという独特のスタイルをとる。ヨーカ堂やセブンイレブンの業革リーダーは一貫して鈴木。発表者は店舗や本部のマネジャークラスが指名される。世に言うリストラ委員会の類と思ったら、大間違いだ。

「過去の成功体験を否定し、改革を続ける」という鈴木の経営理念をヨーカ堂社内に根付かせるための手段が業革会議である。そこで発表された「仮説と検証」や鈴木の方針は、出席者が店舗や仕事の状況に照らし合わせ、現場で実践していく。組織は自然と楽な方向に向かい、衰退していくものだ。それを食い止めるのが業革会議である。

ヨーカ堂の業革は米ハーバード大学ビジネススクールと慶応義塾大学ビジネススクールが共同取材し、ケーススタディーを教材として使っている。

取材・研究をまとめた慶応大学教授の古川公成は業革をこう位置付ける。

「ヨーカ堂は業革委員会を通じ、顧客の視点で業務を根本から見直して、販売、仕入れ、物流・情報システムといった具合に会社全体の事業構造を変えていった。まさに今で言うリ・エンジニアリングを実践する数少ない会社だ」

1982年に発足し通算600回を数える業革委員会だが、会議は依然として緊張感が漂い、鈴木のゲキが飛ぶ。「これでは発表者が気の毒」という印象が強いが、「発表者個人を叱っているんじゃない。出席者全員に語りかけているんだ」が鈴木の口癖である。あまりに激怒した時は、鈴木は会議終了後に発表者を社長室に呼び、そっとなだめることもあるようだ。

## 鶴の一声、5800店を駆け巡る

1994年11月21日

情報の共有化。鈴木が好んで使う言葉の一つである。サウスランド社の役員会から帰国した翌週、鈴木の仕事は月曜9時20分からのセブンイレブンのマネジャー会議で始まった。そこでの鈴木の一言がセブンイレブン約5800店舗を駆け巡った。

「後入れ先出しが徹底されていない」。鈴木はこう切りだした。

その場にいたマネジャーたちのほとんどが意表を突かれたに違いない。「鈴木は先週滞在していたサウスランド社の現況について説明する」と予想していたからだ。

「後入れ先出し」はセブンイレブン店舗の基本原則である。弁当・総菜ならば新しく入荷した商品を陳列棚の前面に並べ、古い商品はその後ろに置く。顧客から見れば店舗には常に新しい商品が並んでいる。消費者は鮮度の良い商品を求めている。「後に入れた商品を先に出す」という論理である。

実はこれ、従来の小売業にとって常識外れの手法と言える。新しい商品を前面に出せば、賞味期限の切れた商品が売れ残る。売れ残りは廃棄処分することになり、結果、店側の損失となる。だから廃棄ロスを恐れ、商品の陳列棚は「先入れ先出し」するのが小売業の常《じょう》套《とう》手段だった。それを逆手に取った発想が、セブンイレブンの競争力につながっている。

ダラスから帰国したのは11月18日、鈴木はその翌々日の日曜に車を自分で運転してゴルフ場に向かっている。その往路で自宅近くのセブンイレブン店舗に立ち寄ったらしい。

鈴木はこう語った。「陳列棚を見ると、賞味期限の近い商品から順番に置いてあった。それも商品は棚の高いところにある。お客の手は届きにくい。お客はどう感じるだろうか。セブンイレブンにはこんな古い商品しか置いてないと思って帰っていくだろう。これでは来店数は下がり、商品は売れ残る」。

セブンイレブンの店内は大掛かりな模様替えを進めている。その一つが、リーチインクーラー（扉のある保冷陳列ケース）からオープンケース（扉のない保冷陳列ケース）への切り替えだ。対象商品は乳製品やハム・ソーセージなどの生鮮食品。手を伸ばせば商品が取れるケースを置くことで、販売量のアップを狙っている。

「新しい試みをしていると、基本を忘れるもの。商品管理は徹底されているだろうか」と、鈴木は店のオープンケースに注目したのだろう。

会議終了後、1人の男が血相を変えて走っていった。鈴木が名指しした店舗がある都内地区を統括するディストリクト・マネジャーである。その店舗はトレーニングストアと呼ぶ本部直営店。「そんなはずはない」。半信半疑で店舗に向かった。

**1994年11月22日**

**鈴木が出社すると、ディストリクト・マネジャーが駆けつけ、「申し訳ない。店舗を確認すると鈴木さんの言った通りでした」と報告。鈴木は笑ってうなずいた。**

毎週火曜日の午前9時は、セブンイレブンのOFC(オペレーション・フィールド・カウンセラー)会議が始まる。そこには北海道から九州まで全国5800店舗を回るOFC約750人が一堂に集まる。

## 会議経費、年間15億円

早朝、新幹線で駆けつける者もいれば、前夜からホテルに泊まり込む者もいる。交通費

普段よりも険しい表情、強い口調でOFCを前に30分ほどスピーチをした鈴木敏文氏

や宿泊代を含め、会議の経費は年間15億円近くに達する。毎週750人の社員を集めてコミュニケーションを図るためにこれほどの経費を使う会社はそうないだろう。

鈴木は11時になるとエレベーターで地下1階に向かう。OFC会議が開かれている大会議室で定例のスピーチをするためだ。室内を埋め尽くすOFCを前に、鈴木は普段よりも強い口調で語り始める。

「君たちOFCは、店のプロなんだ。店内を10分見れば、問題点を指摘できなくてはならない」

こう前置きをした鈴木は、後入れ先出しが徹底していなかった店の話を繰り返した。

「店舗ではオープンケースの導入を進めて

いる。だが今は、ケースの品揃えを充実させるために、商品を発注しているのが現状ではないか。当初は売り上げは増えるだろう。しかし、これでは販売量は下がっていく。後入れ先出しなど単品管理ができてこそ、発注ができる。縮小均衡に陥らず、拡大に向けて単品管理を徹底させてほしい」

ＯＦＣは水曜には受け持ちの地区に戻り、翌週の月曜までセブンイレブン店舗を訪れる。その間に2回程度は店のオーナーや店長に面会して、カウンセリングに努める。当然、その週、ＯＦＣが話すのは「後入れ先出し」で始まる鈴木の指示の徹底である。

鈴木は、顔を突き合わせて話し合うコミュニケーションを重視する。だからこそ、スケジュールはグループ各社の会議で埋め尽くし、莫大な経費をかけてでも全国から社員を集結させる。

「たとえ、ＯＦＣの陣容が１０００人、1万人を超えたとしても、何としてでも全体会議は続けていく」

鈴木はこう言ってはばからない。

## 10年同じ話をするバイタリティー

【証言】

「5年前のある朝、本社に向かう交差点の信号を渡るのが嫌になった。退職を申し出ると、鈴木に言われた。交差点を渡る前に考えるな。渡ってから考えればいいんだ」

セブン-イレブン・ジャパン取締役　加納 勉

「起こってもいないことを考えてどうする。現象が起こってから集中して考えればいい」

鈴木敏文の思考の底流に流れるのは、現実主義・合理主義である。現実に起きた問題に直面し、その都度、解決策を実行していけば、成果は得られるという考えを貫く。

業革などの会議で鈴木はその場で指示・方針を明確に下す。「もう少しじっくり考えてから」などとは絶対口にしない。時には、以前に言ったことと逆の指示をする。「世の中が急激に変化しているのだから、それに合わせて指示も変える。朝令暮改は恐れない」。

鈴木はそう言い切ってしまう。

事業の将来像を描く時も、「いつまでに何店舗で、売り上げ何千億円」といった夢物語は語らない。「何千店になった時どうあるべきか」と、必ず結果から発想していく。

加納は、かつてセブンイレブンがわずか100店舗だった頃のエピソードを回想する。専務だった鈴木は夕方6時半を過ぎると本社の各部門を歩き回る。ある時、新米バイヤーの加納の机をのぞき込み、こう言って叱った。「君は店が1000店になっても、こんな仕事のやり方を続けるつもりか」――。

当時、本部の商品部のスタッフは13人である。「このやり方では、1000店になったら商品部は130人必要じゃないか。逆にその時、現在の半分の5人でできる仕組みを考えるんだ」。

実際に店舗が増えると、加納の仕事は加速度的に増えていった。しかし、鈴木は人員を増やさない。「本気で仕組みを変えないと殺される。そう思って必死に考えた」。加納は苦笑する。

「これでいくと決めたら、鈴木はテコでも動かない。絶対にごまかしがきかないので、プレッシャーは相当なもの」。セブンイレブン専務の工藤健は、部下の気持ちを代弁する。鈴木の強烈な合理主義と現場の実態のズレから生じるプレッシャーは、時に部下たちの精神状態を追い詰める。

しかし、それでも社員の多くがついてきたのは「最後は自分が責任を取る、という鈴木への信頼感」と工藤は言う。

店舗数が1000店に満たない頃、あるフランチャイズ店のオーナーが本部と対立した。「俺には俺のやり方がある」と勝手な商売を始め、本部の説得に聞く耳を持たなかった。

しかし、頭を下げて一度契約してもらった以上、セブンイレブン側から解約は言い出しにくい。同業他社やマスコミに、あらぬ中傷を受ける危険性もある。ためらっていた工藤らに、鈴木はこう命じた。「君たちはそういうことは一切気にするな。僕が責任を取るから解約してこい」。

妥協のない合理主義と、責任に対する明確な姿勢。しかし、リーダーとしての鈴木の魅力は、それだけではないようだ。セブンイレブンの物流システムを立ち上げた常務の宇野沢守哉は、初期の社内の雰囲気をこう語る。「ここまでやるのか、と思うことが幾度となくあった。しかし鈴木が言えば言うほど、社員は逆に燃えた」。

鈴木の強烈なリーダーシップは、一朝一夕に確立されたものではない。「孤軍奮闘」――。業革委員会の発足当初、鈴木の立場は、この一言に尽きるものだった。

業革が始まるきっかけになったのは、1981年8月中間期の、ヨーカ堂にとって初の減益決算である。

2度の石油ショックを経て、日本経済は高度成長期を終え、安定成長期に移行した。すると、それまで成長一辺倒で来たヨーカ堂の売り場に異変が起こった。商品を売り場に大量に揃えても売り上げが一向に伸びない。「顧客ニーズに合っていないのでは」と、商品の種類を増やしても結果は同じ。むしろ在庫の山を築き、利益を圧迫する結果となった。

**【証言】**

**「業革委員会は、最初から順風満帆でスタートしたわけではない。『在庫を半分に減らせ』と主張する鈴木に対し、現場の目は冷ややかだった」**

**イトーヨーカ堂副社長　森田兵三**

「荒天に準備せよ」――。中間決算の減益に直面し、当時の社長の伊藤雅俊は異例の非常事態宣言を出す。伊藤は連日幹部を集め、対応策を話し合った。しかし店舗や商品部など営業部門から上がってくるアイデアは、精神論や経費削減など後ろ向きのものばかり。しびれを切らして発言したのが、当時常務でスタッフ部門の総責任者だった鈴木である。

「データを見ると、ロスが利益の3倍もある。つまり、ロスを3分の1減らせば利益は倍になる。簡単なことじゃないか」――。

鈴木の言う「ロス」とは、売れ残りを廃棄したり、在庫を赤字販売したりした場合の「損金」のことだ。「ロスが大きいのは、売り場に売れない商品がたくさんあるからだ。そんな商品は売り場から全部取り除いて、在庫を半分にしよう」。こう主張したのである。

営業出身の幹部たちにとって、これは従来の小売業の常識を覆す考え方だった。商品あっての売り上げであり、売り上げが伸びてこそ利益もついてくる。豊富な品揃えこそが店の競争力、というのが常識だった。

営業サイドは一斉に鈴木に反発した。「在庫も持たないで、なぜ商売ができるんだ。そんなのは素人の考えだ」。

鈴木は動じない。「じゃあ、在庫とは一体何なんだ。何でもため込むんじゃなくて、売れる商品を用意するのが在庫だろう」。

「そうはいっても、あなたは営業の現場を知らない。商売はそういうものじゃないよ」

「いいじゃないか。とにかくやってみてくれないか。それでダメなら、僕は手を引くから」

鈴木は一貫して妥協の姿勢を見せなかった。

論争に終止符を打ったのは、結局伊藤である。「君にすべて任せるからやってみてくれ」。営業現場は当初、鈴木の主張をすんなりとは受け入れなかった。「鈴木の言う〝商品絞り込み〟の成果をとにかく見てみよう」。当時の業革にはそんな冷ややかな空気が漂っていた。

鈴木が「絞り込み」の実験場として最初に手をつけたのが、紳士向けのワイシャツ売場である。実験店を決め、売り場から売れていない死に筋商品を外し、売れている商品の色・柄・サイズにどんどん絞り込む。結果はたちどころに出た。実験店のワイシャツの売り上げが、2割、3割と急速に増え始めたのだ。

しかし、現場はいろいろと理由をつけて納得しようとしない。「ワイシャツだから効果が出たのではないか。ファッション性の強い婦人衣料にはきっと通用しませんよ」。

孤軍奮闘する鈴木。そんな中、営業サイドで鈴木にいち早く理解を示したのが当時常務の森田だった。「鈴木のやり方をほかの売り場でも実践してみよう」。森田は、店長や商品部の責任者を根気よく説き伏せて回った。

商品の絞り込みはワイシャツに始まり、食品、家庭用品とヨーカ堂店舗の売り場全体に広がっていった。しかし、それぞれの売り場で実績を上げ、業革がヨーカ堂全社に浸透するまでに約6年もの歳月を費やしたのである。

**【証言】**

**「セブンイレブンの経営を任されるまで、鈴木は特別際立った存在ではなかった。人事課長時代、仕事中に髪をクシで整えながら、『ヒマだあ』とぼやいていた」**

**イトーヨーカ堂副社長　舛川洋栄**

鈴木は1932年、信州・千曲川沿いの小さな町、長野県坂城町に生まれた。「子供の頃はひどいあがり性で人見知りが激しく、親が随分心配した」（鈴木）。会議や講演で堂々と主張する現在の鈴木からは意外な印象だ。しかし、一対一で来客に対応する時の鈴木が、壇上とは打って変わってどこか遠慮がちでぎごちないのは、その名残りなのだろう。

内向きの性格を克服したのは、中学・高校で弁論部に入ったことが大きい。大勢の心を自分にひき付ける「弁論術」を身につけることで、心に潜むコンプレックスに打ち勝つ術を見いだしたのかもしれない。

高校を卒業して中央大学に進んだ鈴木は、大学2年生の時、自治会の書記長に当選した。「左派とか右派とか思想的なものは何もなかった。当時、左右の対立から執行部が総辞職して、その後に立候補させられたんだ」（鈴木）。調整能力を買われての登板だったという。さらに鈴木は、大学卒業後に就職した東京出版販売（現トーハン）でも、労組の書記長を務めた。「高卒の社員が多い中、鈴木は数少ない大卒。間違いなく将来を嘱望されたリーダーの1人だった」。鈴木の下で東販の労組書記を務め、その後ヨーカ堂に呼び寄せられた、ヨーカ堂副社長の佐藤信武は、当時の鈴木をこう振り返る。

1963年8月、鈴木は東販を辞め、当時わずか5店舗だったヨーカ堂に転職する。辞める前まで、東販の広報課で「新刊ニュース」という書店向けの広報誌を編集していた。「新刊ニュースの仕事で、大物の作家などが結構会ってくれた。しかし、僕が東販の社員だから会ってくれるのであって、会社の看板で仕事をするのがだんだん嫌になった。自分を一から鍛え直したいと思って、人づてに紹介されたヨーカ堂に転職した」（鈴木）

鈴木が転職した1963年は、まさにスーパーの勃興期と言える時代だった。東京大学助教授の林周二が「流通革命論」を発表したのが1962年。その前年に米国流通業を視察した伊藤は、ヨーカ堂に米国流のスーパーマーケットの概念を持ち込んだ。それまで衣料品だけを扱っていたヨーカ堂は、家庭用品や生鮮食品を取り込み、店舗は大型化した。折しも高度成長の波に乗り、売り上げはどんどん増え、会社の規模は急速に拡大した。

しかし鈴木は、この〝輝ける時代〟の主役ではなかった。販売促進や人事など一貫してスタッフ部門を歩み、営業畑は経験していない。「当時は、本社スタッフも夕方から店舗を手伝うのが常識だった」（佐藤）が、鈴木が店に出たのは年末くらいだったらしい。

眠っていたかもしれない鈴木のリーダーシップが再び頭をもたげたのは、1971年9月に取締役に就任し、新規事業の開拓を任された時だ。1973年末までのわずか2年余りで、セブン-イレブン・ジャパンの設立、デニーズジャパンの設立、福島県の食品スーパー、紅丸商事（現ヨークベニマル）との業務提携という、3つの新規プロジェクトを立ち上げたのである。

**【証言】**

**「10年以上業革に出席しているが、鈴木の発言にはいまだに『えっ』と思うことがある。しかし、何度も否定され、やり直すうち、いつの間にか自分の意識が変えられる」**

**ダイクマ社長　森田茂文**

鈴木の「直接指導」の場である業革委員会には、主なグループ会社の幹部も顔を揃える。

ダイクマの森田も自社の商品部、販売部の責任者と共に毎週欠かさず出席する。

ヨーカ堂出身の森田が率いるダイクマは、神奈川県を中心に展開する総合ディスカウントストアの最大手。1978年にヨーカ堂傘下に入った。

株式の8割をヨーカ堂が握るが、経営の独立性は高い。商品はすべて自社のバイヤーが仕入れる。本社は東京・芝公園のグループ本部ではなく、地元の神奈川県平塚市に置く。神奈川ではヨーカ堂と正面から競合する店もあり、森田は「ヨーカ堂がライバル」と公言する。ダイクマが時に「グループの異端児」扱いされるゆえんだ。

しかし、外面上の独自路線とは裏腹に、ダイクマの経営はヨーカ堂業革の強い影響を受けている。業革で発表される成果や、鈴木の示す方針のエッセンスは、森田を通じてダイクマに毎週、ダイレクトに取り入れられる。

最近の業革会議でも、森田は鈴木発言に「はっ」とした。夏以降、景気が落ち込んでいるという発表に、鈴木がかみついたのだ。

「猛暑だから売れた、暖冬だから売れない、という説明はおかしい。8月の気温は平年より1・6度高かったが、10月は2・8度も高い。相対的には10月の方が異常だったということだ。君たちは、こうした温度差をきちんと考慮して品揃えしたのか」

鈴木が指摘したのは、商品投入のタイミングの問題である。晴れた日に傘を特売しても売れないのと同じで、気温が高いのに、売り手の論理で冬物ばかり品揃えしても売れるわけがないという理屈だ。

実は森田も、猛暑の後の売り上げの伸び悩みと、値下げに伴う粗利率の低下に頭を痛めていた。「会社でいつもタイミング、タイミングと部下に言っているのに、いつの間にか自分が『9月の品揃えはこれ』『10月はこれ』という固定概念にとらわれていた。その結果、間違ったタイミングで商品を投入していた」と猛省する。

**【証言】**

**「鈴木はセブンイレブンの改革の実績を踏まえていろいろ指示を出す。そのまま自分の会社に持ち帰って、単に『鈴木がこう言っている』と伝えても部下には臨場感がわかない」**

**ヨークベニマル社長　大高善二郎**

ヨークベニマルの経営の舵を取る大高は、ヨーカ堂出身ではなく、ベニマル創業者の次男である。高校卒業と同時に入社した生え抜きだ。ベニマルは1973年の資本提携でグループ入りした。しかし、ヨーカ堂の出資比率は3割弱。ダイクマとはまた違う意味で、その経営はグループ内で強い独立色を帯びる。

大髙も業革委員会に毎週出席するが、ベニマルに鈴木の経営スタイルをそのまま持ち込んでいるわけではない。「鈴木は業革を通じて『顧客の満足』という題の共通の楽譜を渡す。しかし、実際にそれをどう『歌う』かは、それぞれのグループ企業のトップに課せられた責任」と、言い切る。

「鈴木敏文という卓越したリーダーの間近にいられるのは、経営者として最高にエキサイティング」(大髙)。その一方、「変化対応とか価値訴求とか、独特の言い回しが多い。即座に『うん、分かった』とはいかない」と、やんわり皮肉るのも忘れない。

実際の話、大髙は鈴木がかねて重要性を強調する「ダイレクト・コミュニケーション」について、つい3年ほど前まで重要性が実感できなかったという。それなしでもベニマルの業績は安定していたし、「トップと現場が直接やりとりすると、間の管理職が育たないのでは」という疑問があった。

ある時、疑問を鈴木にぶつけた。すると人材教育には触れず、こう答えた。「世の中の変化が速いんだ。ダイレクト・コミュニケーションじゃないと変化に追い付けないぞ」。

大髙がそれを実感したのは、景気が減速し、業績に伸び悩みの兆しが出てからだった。「前から言われていたのに、やっぱりその時にならないと体が動かない。鈴木は時代よりちょっと早いんですよ」。大髙は苦笑いする。

**【証言】**

**「世間では鈴木のことを『冷たくて、面白味がない』と言う。確かに、話したり酒を飲んで面白いタイプではない。しかし別の意味で、すごく人間的な温かみのある人だ」**

**西武百貨店社長　和田繁明**

同じ小売業の経営者ということもあり、鈴木と和田に、ビジネス上の付き合いはない。しかしプライベートでは、お互い経営哲学を認め合う仲だ。

鈴木の持つ温かさについて、和田はヨーカ堂と取引先とのパートナーシップの例を挙げる。「取引先に損を押し付けず、一緒になって取引構造そのものを見直し、お互いに利益の出る体制を作り上げる。これこそが鈴木流の温かさ」と言う。

特定の取引先との関係を深める時、小売業は相手に資本を入れたり、系列化したりして

「支配」しようとすることがある。しかしヨーカ堂は、「相手に厳しい課題を突き付けることはあっても、資本で支配しようとはしない」。相手を堕することのない厳しさこそ、本当の温かさ。和田はそこに魅力を感じる。

取引先に対する、ヨーカ堂の要求の厳しさは有名だ。かつては「取引先いじめ」と批判された時期もあった。しかし「ヨーカ堂の要求を受け入れた取引先が潰れた、という話は聞いたことがない」(和田)。

そして、こんなエピソードを紹介する。以前、西武百貨店とヨーカ堂の共通の取引先の社長が和田にこんな話をした。社長の会社が納入した商品を、あるヨーカ堂の店が「汚れがついていた」といって大量に返品した。不自然な理由だったので本部に問いただした。するとヨーカ堂は、汚れや破損を理由にした返品について、徹底した洗い直しを全店に指示したという。「普通のチェーンなら適当にあしらう話を、ヨーカ堂は真正面から受け止めてくれた。あんな会社はほかにない」。その社長は、そう言って感激した。

**【証言】**

**「鈴木と話すのは基本的にビジネスの話。プライベートな話題はほとんど出ない。しかし**

## 「お互い、どこかで理解し合っている、という感覚がある」

味の素社長　鳥羽 董

味の素に限らず、取引先を訪問する時の鈴木は、たいてい手ぶらである。「書類や資料を持ってきたのを見たことがない」（鳥羽）。話すのは基本的にビジネスの話だが、話題もその日の気分次第で変わる。

しかも、その「ビジネスの話」がちょっと変わっている。

普通、小売業と食品メーカーのトップの会談といえば大きな商談を思い浮かべる。例えば、ダイエー会長兼社長の中内切などは、腹案を手に、自分で取引先に乗り込んでいくタイプだ。しかし鈴木は、自ら商談するタイプではない。部下がすべて交渉を終えた後、「表敬訪問」する程度だ。

そんな時に鈴木が話すのは、ヨーカ堂やセブンイレブンの新しい取り組みや、その成果である。鳥羽は「総菜の売り方をこう変えたらこうなったとか、かなり具体的な話が多い」と話す。最近の味の素の取り組みを鳥羽も話し、互いに意見を交わす。

商談というより、経営談義に近いものである。しかしその積み重ねが、鈴木に対する鳥羽の信頼をはぐくんだのは間違いない。意識してやっているかは別にして、これが鈴木流の「トップ外交」だ。メーカーとの商品の共同開発を進めるヨーカ堂やセブンイレブンにとって、トップ同士の信頼関係は提携実現の強力な武器になっている。

**【証言】**
**「1983年に鈴木が肝臓を患って入院した時、そのバイタリティーが弱まるのではないかと心配した。しかしそれは結局、杞憂に終わった」**

**さくら銀行会長　末松謙一**

鈴木に関して、末松が一番驚くのはバイタリティーだという。「日本の経営者は、基本的な経営パターンの中からどれかを選択し、現実とパターンをすり合わせながら仕事を進める人が多い。しかし鈴木は、古いしきたりを気にせず、自分の納得したことだけを推し進めるタイプ。そのバイタリティーは大変なもの」と兜《かぶと》を脱ぐ。

鈴木のバイタリティーは、突き詰めて言えば「言い続けるバイタリティー」である。

ヨーカ堂グループの役員たちは、「鈴木の言うことはこの10年、何も変わっていない」

と口を揃える。鈴木自身も、それを認める。「何年同じことを言い続けていると思っているんだ」。この言葉は、鈴木が部下を叱責する時の決まり文句だ。

あるヨーカ堂の元社員は、こんな話を打ち明ける。業革が始まって数年がたった頃、社内でアンケート調査が行われた。その中に、「業革はいつも同じ話でマンネリしている」という意見を見つけた鈴木が、烈火のごとく怒ったというのである。「やるべきことができていないのに何だ。書いた者は出て行け」。以来、以前にも増して同じことを辛抱強く繰り返すようになった、とその元社員は言う。

言い続けるバイタリティーはどこから来るのか。取材で本人から明確な答えは得られなかった。ただ、ある役員は次のように話す。「常に革新し続ける、ということに経営者としてある種の『快感』を感じているのかもしれない。だから言い続けられるのだろう」。

**【証言】**

**「僕がしたいのは、チェーンストア理論の否定なんだ。時代の変化に対応すべき時に、マニュアルで社員をがんじがらめにするなんてナンセンスじゃないか」**

**鈴木敏文**

チェーンストア理論は、1950年代のアメリカで生まれた、小売業の経営理論である。メーカーから一括して大量に仕入れた商品を、標準化された店舗に大量に陳列し、マニュアルに基づく統一したオペレーションを通じて大量販売する。組織小売業理論とも言えるこの理論は、個人営業の家業の地位に甘んじていた小売業を、「企業」のレベルに高めた。

しかし、鈴木はこれを否定し、破壊したいという。鈴木にとっては、小売業の立場だけから考えた不完全な理論に思えるのだろう。

鈴木の思想は、小売業だけでなく、メーカーや中間流通が一体となった「トータルシステム」である。その一部は、既にセブンイレブンの弁当・総菜で実現し、さらに裾野を広げつつある。

例えば、セブンイレブンが1994年から全国展開を始めた「フレッシュパン」。店舗の近くに配した専用の焼成工場から、焼き立ての菓子パンを1日3回配送する。同じパンでも、既存のパンとは全く違う製造・配送工程を経て送り出される新商品である。

1994年12月、ヨーカ堂は欧州最大の小売業「メトログループ」（本部スイス・バール）との包括的な提携を発表した。両社で共同調達・開発した商品をヨーカ堂が輸入・販売し、ヨーカ堂からはメトロに単品管理、物流などの経営ノウハウを提供する。

ヨーカ堂は既に1994年3月、米国最大の小売業ウォルマートとも同様の提携をしている。米国・欧州最大の小売業との大型提携は、ヨーカ堂にとって鈴木のトータルシステムを全世界に広げる動きにほかならない。

注目すべきなのは、ウォルマート、メトロから供給される「商品」と引き換えに、ヨーカ堂が提供するのが「ノウハウ＝鈴木経営」である点だ。〝ものぐさ〟な鈴木は「出張は大嫌い」と肩をすくめるが、海外に出掛ける機会はますます増えそうだ。

＝文中敬称略

（日経ビジネス1995年1月9日号の特集「リーダーの研究　鈴木敏文『過去の成功体験を捨てよう』」を再編集しました。社名、役職名は当時のものです。）

# 「伊藤さんと鈴木さんは〝ニコイチ〟」

## ライフコーポレーション清水信次会長が明かした2人の関係

戦後、日本の流通業界を支えた重鎮の一人が、ライフコーポレーションの清水信次会長だ。清水会長は、セブン&アイ・ホールディングスの伊藤雅俊名誉会長、鈴木敏文名誉顧問らと長い親交がある。そんな清水会長の目に、伊藤名誉会長と鈴木名誉顧問は、どのように映っていたのか。2016年秋、セブン&アイを率いてきた2人の関係について、清水会長に聞いた。

我々の流通業界ではね、戦後にまずトップを切ったのがダイエーの中内㓛さん。それはもう破竹の勢いで大阪を中心に関西を制覇して、東京へ出てきて。東京でも大型店を次から次へ開発しました。けれど結局、プロ野球球団をやったり、九州で球場やホテルを造ったり、いろいろ広げていってダメになってね。今はイオンが整理吸収しています。

次は長崎屋の岩田孝八さん。長崎屋は、戦争が終わって岩田さんが陸軍から復員して、神奈川県の平塚で、寝具のお店を始めてどんどん拡大していった。株式上場をした時はダイエーを上回る勢いでした。そうして北海道から九州まで、大型店を駅前商店街に展開していって。息子の岩田文明さんが跡を継いだけれど、結局、拡大しすぎてダメになった。今は大手ディスカウントチェーン、ドン・キホーテの傘下に入っていますね。

西武流通グループとして西友や西武百貨店を展開していたのは堤清二さん。セゾングループという名前で拡大しましたが、最終的には崩壊した。主な会社で、現在でも独立して生き残っているのは良品計画とセゾンカードのクレディセゾンくらいです。この2つは、堤さんの置き土産として、立派にやっておられる。肝心の西武百貨店は、そごうと一緒になって、セブン&アイ・ホールディングスの子会社になりました。

大阪のニチイ（後のマイカル）も、日本で5本の指に入るほど大きくなったけれど、結局は経営破綻して、イオンの岡田卓也さんが引き受けられた。

ヤオハンの和田一夫さんなんて、静岡の熱海から出発して、狭い日本ではダメだと米国に出て、中南米に進出して、イギリスのロンドンにも立派な店を作りました。私も何回も見に行きましたよ。最後には日本を出て、香港でも大きな立派なビルに、ヤオハンの本部を移しました。

社長の住まいも豪華な屋敷でね、私らも呼ばれて、和田さんに「よくここまでやられたな」と言いましたよ。当時、和田さんは「次は中国だ」とおっしゃって、上海に大きなデパートを計画していらした。それなのに、消滅してしまった。大型店はダイエーの中内さんが引き受けて、小型店はイオンの岡田さんが引き受けました。

振り返ると、戦後の小売業は、本当に死屍累々でした。

## 創業社長とは違う先見性

そういう中でも鈴木敏文さんは、コンビニエンスストアというスタイルを米国から持ち込んで、イトーヨーカ堂の皆さんが賛成しないのを、彼が執念で形にした。鈴木さんの熱意を受けて、創業者の伊藤雅俊さんは資本金を出して、その代わり「資金がなくなったら諦めろ」と挑戦させた。

東京・豊洲にオープンしたセブンイレブン1号店は、私も見に行きましたよ。一体どんな店だろうと思ってね。店に入ってみたら、新しい陳列ケースがあって、鈴木さんが苦心惨憺《さんたん》して作り上げた様子がよく伝わってきました。あの1号店が、今のようなセブンイレブンの姿になるとは夢にも思いませんでした。

当時、1号店を見た私は、「これが日本でどう受け入れられるのだろう」と、正直成功するかどうか分からなかった。けれども鈴木さんは、1号店を出した後、あっという間に100店舗まで増やしていって。共同配送や商品の共同開発といったシステムを作って、規模を膨らませていった。あれはもう商売というよりは、技術者の発想ではないでしょうか。

当時、ダイエーの中内さんもローソンを展開していたけれど、セブンイレブンのようには成功できなかった。多分、商売だけでなく、鈴木さんのような技術者の発想が必要だったんでしょうね。エンジニアのような感性と先見性。それがあったから、セブンイレブンは成功したんでしょう。

鈴木さんはテクノクラートというか、エンジニアというか。ダイエーの中内さんや長崎屋の岩田さん、あるいはイオンの岡田さん、ヨーカ堂の伊藤さん、そして私とも、何か違う手腕や力量、あるいは先見性という天から与えられた才能があるんでしょうね。

## 鈴木さんは若い頃から並の人じゃなかった

昭和54年（1979年）、日本チェーンストア協会で、第1回のチェーンストアフェアを開催したんだ。当時、チェーンストア協会の会長を務めていた伊藤さんと、中内さんや岡田さん、ユニーの西川（俊男）さん、私らが中心になって展示会を開こうということになった。この展示会の委員長を私がやることになってね。私は「そんな難しい仕事をとてもやれない」と言って、伊藤さんに「代わりにやれるような人を出してほしい」と頼んだんだ。

するとと伊藤さんは、しばらくしてからある人物を紹介してくれた。それが鈴木さんだった。無事に1回目の展示会が終わったけれど、私の相棒だった鈴木さんは当時から本当に頭の切れがいい、並の人じゃなかった。

私は人を見る目があると自負しています。私がライフコーポレーションを託した岩崎（高治）社長だって、初めて会ったのはイギリスで、かれこれ20年前のこと。当時の彼は30歳。けれど、私はインスピレーションで「東京へ帰ったら彼と一緒に仕事をしてみよう」と感じたんだ。勘だよ。ある意味で、ダイヤモンドの原石を見つけたようなもんだった。

帰国してすぐに三菱商事の社長と会長に直談判して、2年がかりでうちに来てもらった。彼が32歳の時のことですよ。それが今では立派に社長業を務めている。だから私はちょっと見たら分かるんだよ、その人が本物か偽物か。

鈴木さんも、一緒にチェーンストアフェアを開催した時から、素晴らしい人物だというのは分かっていました。そうしたらセブン＆アイは、グループの総売上高10兆円を超える企業になっていった。百貨店業界全体の売上高が6兆円台ですから、日本中の百貨店を合わせたよりもセブン&アイは大きくなっているわけです。

収益性ではセブンイレブンが群を抜いていますし、セブン銀行だって、みんなが反対する中で、鈴木さんは大成功を収めた。そこに可能性があることは、普通の人では分からないでしょう。並の嗅覚ではありません。鈴木敏文という人の持つ人間性が超越的なんでしょうな。

## 絶妙の相棒だった

退任まで5カ月続いた騒動があったけれど、あれはもうほかの人には分からんよ。メディアは面白おかしく報道しておったけれどね。私は退任の前後で伊藤さんにも鈴木さんにもお会いしているけれど、私に言わせたら、伊藤雅俊さんと鈴木敏文さんというのは絶妙の相棒ですよ。だから世界に冠たる企業軍団をわずか40年で作り上げたんです。それは体制が変わっても微動だにしないしっかりした企業だよ。

鈴木さんも清々しているでしょう。人間には寿命もあるし、能力の衰えもある。だからちょうどいい潮時だったと達成感を覚えているはずだよ。私は分かるんだ。

オムニチャネルなんかの将来性も、彼には分かりすぎているだろうけれど、ほかの人には理解できない。これはもう、しょうがないよ。鈴木さんが描く未来の世界は、普通の人には見えないのだから。

それくらい鈴木さんの目指すものは大きいんだろうね。おそらく彼の描く世界は、彼にしか描けないんだと思います。ただ、彼もさっぱりしているから、いろいろと相談を受ければ、自分の力の及ぶ限り知恵も出すし、助言もなさるでしょう。彼には「私心」がないですから。

そもそも、セブン&アイのトップとしてあれだけ長く経営の舵を取ってきて、もし私心があれば、もっと株式を保有して大金持ちになっていたでしょう。それなのに、鈴木さんはあれだけの大仕事をしたって、わずか程度の株式しか保有していない。それくらい私心や私欲、私の権力というものを、彼は求めてないんだ。

## 〝ニコイチ〟でやってきた

創業者の伊藤さんと、経営者の鈴木さん。彼らは〝ニコイチ〟だよ。ニコイチで、今のセブン&アイが存在しているんだ。

私はもうこの業界に何年おる？　今はもう90歳だよ。戦争が終わった時は19歳で、闇市で肉や魚を売っていた。それからずっとこの業界を見てきたんだ。堤さんや岩田さん、中内さんがどういう人だったかもよく知っておる。

特に伊藤さんは私の2つ上で92歳、岡田さんが1つ上で91歳と、年が近いんだ。それで、今でも3カ月に1回は、「三人会」と称して3人で会っています。この前も3人で会いしました。伊藤さんご本人は騒動なんか気になさっていなくて、「いやいや、賑やかだ」とおっしゃっておられたよ。報道陣がいろいろと来られるんじゃないかな。ただご本人たちは報道された確執なんて、気にもしていらっしゃらないよ。伊藤さんも鈴木さんも器の大きな人ですから。だから死屍累々の小売業で、今も生き残っているんだよ。

世代交代はどの企業も直面します。私は世代交代をした後、岩崎社長に会社を完全に任せ、私のオフィスは役員や社員の立ち入りを禁止にしたんだ。報告や相談は一切受けないから岩崎社長と相談しろ、とね。もちろん、どうしても困ったことがあれば助けてやる。けれども、日々の意思決定はもう岩崎社長の仕事です。

私は三菱商事から後継者を引っ張ってきて、岡田さんは息子の元也さんに託されて、伊藤さんはずっと鈴木さんと2人でやってこられた。会社のバトンタッチの仕方というのも三者三様ですな。

イオンは岡田流の、みんなを抱えて大事に育てていくスタイルを貫いていらっしゃる。本社のある千葉の海浜幕張に行くと、みんなが伸び伸びと仕事をなさっている。幹部と話しても、そんなにぴりぴりしていませんよね。元也さんは、こうしたイオン本来の良さを伸ばしていかれるのでしょう。

セブン&アイの本社に行くとぴりっとしているんです。伊藤さんも鈴木さんも、きちっと仕事をする人ですからね。商売人の伊藤さんと、経営の技術的な面や組織的な面を強化する鈴木さん。セブン&アイはこの2人の感性が一緒になって、ここまで大きな企業になった。社内には鈴木流を理解し、受け継いでいる人もたくさんいる。だから、誰にバトンタッチしても微動だにしませんよ。

とにかく世の中は急速に変わっていきますよね。私はいろいろな寄り道をいっぱいしたから、こんな年になってもまだ働いている（笑）。もう1回、19歳に戻ったら、もうちょっと利口にやったかもしれないけれど、十分楽しんだよ。個人の力や能力は限界がある。だからやっぱり左右するのは運と勘なんだ。運が悪い人はどうしようもないし、私らの世代は戦争でみんな殺されてしまった。運と勘、行動力があったから戦後、何とか成果を出してこられた。きっと岡田さんや伊藤さんもそうなんでしょうね。そして、鈴木さんもそうだった。だからこそ伊藤さんは、鈴木さんという若い青年の可能性を見込んで思うようにやらせたんでしょう。ただ、私も伊藤さんと鈴木さんが話しているのは、見たことがないですけどね（笑）。

## 会社はお客さんのもの

日本の創業者の多くは、旧来の日本式の感覚で会社を捉えているでしょう。確かに創業時の企業規模の小さい間は、すべての責任と判断は創業者が行わなければ成功しない。それが当然だし、正しいのだけれど、成功して会社の規模が一定の大きさになると、変わる必要があります。

ライフコーポレーションだって今では正社員が6000人はいます。パートやアルバイトのパートタイマー、準社員が4万人以上。今では260店以上を展開していて、食品の製造工場や物流センターなども加えると、ものすごく大きな組織になっています。そんなものに私が口を出しても分かりっこないんです。だから私は経営陣を信頼して、すべてを任せています。

私はね、会社が上場すればそれはもう自分のものじゃないと思っているんだ。順番から言えば、まずはお客さんのもの。ライフコーポレーションは、多い時には全店で1日90万人のお客さんがいらしてくださる。少ない時でも1日80万人。つまり1年間で3億人以上のお客さんがいらしているわけです。

ライフの店がいくら立派で商品が良くたって、お客さんが来なければ成立しません。お客さんが喜んで信頼する企業であり、店舗であり、商品でなきゃ成立しないんだ。だからこそ会社はまず、お客さんのものである。

2番目は従業員。それも店舗の従業員のものなんです。レジの女性やバックヤードで働いている人たちは、お客さんとずっと付き合っているわけです。彼ら彼女らがお客さんから信頼され、愛されなきゃ成り立たない。

3番目は取引先です。食品を製造するメーカーや、流通をサポートしてくれる商社や食品卸。さらには漁師や農家、畜産業の皆さんも大切な取引先です。ほかにも、店舗を提供していただいている土地、建物を持っているオーナーさんだって重要な存在でしょう。

そして4番目に初めて、株主やオーナーの存在が出てくるのです。けれど米国を見ると、株主やオーナーが一番上に来て、いろいろと干渉するんですね。

私は岩崎さんにライフコーポレーションの社長を託す時に、株式の約20%を三菱商事に委ねました。私は今も10%の自社株を持っていますけれど、私が死んだ後、相続による納税が続けば、もう大株主ではいられません。相続に応じて自然と株式の保有比率が減っていく。今の制度ではそれが当然なんです。

私は常に家族や周りに対して、おじいさんやお父さんが作った会社を、孫や子孫が後を継いで幹部になったり、配当をもらって生活したりする時代じゃない、と言っています。みんな、一生懸命働いて生活しているんだから。

私が死んで、家内と娘2人が人生をまっとうできれば、その後は関係ない。孫たちは、自分で生きていかなきゃ。西郷隆盛が言っているよ、「子孫のために美田を残さず」ってね。

私心や私利、私欲、私権……。それを切ったら楽ですよ。だから私は周りに助けられて、90歳まで生きられたんだ。

**清水 信次**（しみず・のぶつぐ）
食品スーパー、ライフコーポレーション会長。終戦直前は特攻隊に所属していた。日本チェーンストア協会会長などを歴任。岸信介氏、福田赳夫氏、中曽根康弘氏ら、歴代の首相や政治家らと親交があり、1980年代後半からの消費税導入論議では常に積極的に発言。流通業界で主導的役割を果たしてきた。1926年4月生まれ。

# 3章 鉄壁のセブン帝国

「鈴木さんも僕も革命者なんだ」。日本最大の家具インテリアチェーンを展開するニトリホールディングス会長の似鳥昭雄は、セブン＆アイ・ホールディングスの名誉顧問となった鈴木敏文と自身の共通点をこう表現した。

現状に満足することなく、常に消費者の立場であくなき探求を続けた鈴木。その原動力が、日本にコンビニエンスストアという新しい生活インフラを築き上げ、今や百貨店や通販会社、金融機関、多様な専門店などを傘下に収めるセブン＆アイを育て上げたと、似鳥は分析している。

２００１年にアイワイバンク（現セブン銀行）を設立し、２００６年にはそごうと西武百貨店を運営するミレニアムリテイリングを傘下に収めるなど、２０００年以降、流通業界における鈴木の存在は一層際立っていく。だがセブン＆アイが新たな分野に挑戦して成功を収めるほど、鈴木は大きなジレンマと対峙することになる。幾度メスを入れても、なかなか改革が進まない総合スーパー（ＧＭＳ）、イトーヨーカ堂の存在だ。

１９８０年代に鈴木が主導した「業務改革（業革）」によって、ヨーカ堂は、いったんは高い収益性を誇るようになった。流通業界の荒波の中で、ダイエーやセゾングループが次々と凋落していく一方、ヨーカ堂はＧＭＳで独り勝ち状態が続いた。だが、これによってヨーカ堂に根付いた自信はやがて過信へと変わり、社員らは過去の成功体験にしがみつくようになった。これが鈴木をいら立たせる。

鈴木の経営者としての哲学は一貫している。一言で表せば「変化対応」だ。消費者の価値観やライフスタイル、競争環境は刻々と変わる。こうした変化にいち早く対応しなければ、どんなに成功している業態もいつかは廃れる。鈴木の指揮の下で、セブンイレブンが軽やかに進化を遂げる半面、ヨーカ堂の改革は鈴木が求めるスピードでは進まずにいた。3章1節に収録した「成功体験が常勝集団を苦しめる」（2001年掲載）では、こうした鈴木のジレンマが克明に記録されている。

それ以降も、鈴木は絶えずヨーカ堂の改革を続けている。3節に収めた「鈴木帝国の覚悟『血の入れ替え』」（2013年掲載）でも、鈴木は手を替え品を替え、多様な切り口でヨーカ堂に改革を迫っている。それでも、組織は思うようには変わらなかった。

一方、セブン&アイは2000年代以降、その業容を大きく広げていく。2001年にはアイワイバンク銀行（現セブン銀行）を設立して銀行業に参入。さらに2005年末には、そごうと西武百貨店を展開するミレニアムリテイリングを傘下に収めることを発表した。日経ビジネスでは、発表直後の鈴木にインタビューを敢行。2節「ミレニアム統合に込めた成長への執念」（2006年掲載）に収めた。当時、既に鈴木はオムニチャネル戦略に続く構想を打ち明けている。これ以降、セブン&アイは多様な専門店のM&A（合併・買収）へ突き進むが、最初の大きな一歩は、2006年のミレニアム統合だったと言えるだろう。

多様な業種へと事業のウイングを広げるものの、それでもなお収益の大黒柱であり続けたのは、コンビニのセブンイレブンだった。ライバルの追随を許さぬ王者となったセブンイレブンの姿は、4節に収めた「築き上げた『鉄の支配力』」（2014年掲載）で詳報している。変わりきれないヨーカ堂や、未知数のオムニ戦略など、いくつもの課題はある。それでも、鈴木の築き上げたセブン&アイ帝国がいかに強固なものであるかは、4節を読めばよく理解できる。

2000年代に入り、セブン&アイの流通業界での成功は確固たるものになる。だが成長を続ける半面、急激に進んだ業容の拡大や、変化に対応しきれないヨーカ堂の存在が、内部からセブン&アイを揺さぶる。

王者であるがゆえにセブン&アイが直面した課題とは、何だったのか。そして鈴木はこうした問題をどのように解決しようとしていたのか。3章では、鈴木の描いた未来図と、そこにたどり着くための苦悩が分かる。

＝文中敬称略

# 1節 成功体験が常勝集団を苦しめる

小売業の中でダントツの収益力を誇ってきたイトーヨーカ堂グループに異変が生じたのは、2001年2月期決算のことだった。総合スーパーのヨーカ堂は大幅減益となり、コンビニエンスストア事業のセブン-イレブン・ジャパンは既存店売上高が伸び悩む。日経ビジネスでは同年、ヨーカ堂グループの特集を組み、この異変の正体に迫った。成長体験に引きずられるヨーカ堂に、当時社長だった鈴木敏文氏はどのようなメスを入れたのか。

鈴木敏文社長がしきりに現場に足を運んでいる――。イトーヨーカ堂をよく知る者の間で最近ちょっとした話題となっているのが、かつてならあり得なかった鈴木社長の行動だ。普通なら企業経営者が収益の源泉たる現場に足を運ぶのは当然の話だ。まして小売企業トップにとって、顧客の息吹を肌に感じる売り場や、店としての主張である商品を開発・調達する業務に無関心でいられようはずがない。だが、主としてスタッフ部門を歩み、売り場に立った経験も商品仕入れの実務に携わったこともない鈴木社長は、現場を知らないことに積極的な価値を見いだしてきた稀有な経営者である。

「現場に入り込めば業界の常識や売り手の都合が体に染みつく。そして玄人の常識は必ず、変化に柔軟に対応する妨げになる」（鈴木社長）

意識的に現場を避けてきた鈴木社長が、今では新規開店の店に出向く。そこでスペース効率のみにとらわれた伝統的な陳列方法を批判し、いかに売れ筋商品を目立たせるかを説く。あるいは、「ほとんど出向いたことのない」本社の2、3階にある商品部にまで下り、バイヤーたちの会議に突然顔を出す。

自説を曲げてまでの行動は、ヨーカ堂が異常な事態に直面している表れだ。長らく日本の小売業の中でダントツの収益力を誇り、独り勝ちを続けてきたヨーカ堂だが、今や同社の決算数字には高収益企業の面影はない。

ヨーカ堂の２００１年2月期決算における営業利益（単独）は前期比47％減の１６３億円。売上高１兆４７９８億円（前期比１・９％減）に対してわずか１・１％の利益しか上げられていない。ピーク時（１９９３年2月期）の営業利益からすると5分の１以下という低水準だ。１９８5年2月期に勝ち取った総合スーパーの営業利益首位の座も、前期に

236億円の営業利益を上げたジャスコ（現イオン）に奪われてしまった。

今なお圧倒的収益力を誇る傘下のセブン-イレブン・ジャパンも死角なしとは言えない。現在の1店当たりの平均日販は67万5000円。コンビニエンスストアチェーンの平均である44万円を大きく上回ってはいる。が、成長力という点では、1993年2月期の68万2000円をピークに、店舗販売額はかれこれ8年も一進一退を続けている。特に2000年秋以降、消費不振や競争激化で既存店の低迷が目立ってきた。

業態を超えた競争も激化している。カジュアル衣料店ユニクロを展開するファーストリテイリングや100円ショップのダイソーを運営する大創産業（広島県）など、低価格ながら特色のある品揃えと店作りで躍進する新興勢力が、総合スーパーの牙城を切り崩している。平日半額セールでハンバーガーの販売個数を5倍に伸ばした日本マクドナルドの低価格戦略は、弁当を主力商品とするセブン-イレブンや、同じくグループ企業のファミリーレストラン、デニーズジャパンにとって脅威となっている。

厳しい経済環境と過当競争の中で、ヨーカ堂グループと言えども、収益力低下を避ける道はないのか。そして、現場に赴くという鈴木社長の変節は、難問への解が見つからないことへの焦りなのか——。

鈴木社長の答えはいずれも「否」である。

時計を20年前に巻き戻してみよう。1981年8月中間期、ヨーカ堂は初めて減益決算に直面した。当時、2度の石油ショックを経て日本経済は安定成長期を迎えていた。売り手市場から買い手市場への移行が進む中、大手小売企業はこぞって業績不振に見舞われた。「減益は企業体質の問題だ」。業績悪化を一過性の現象と見る周囲に敢然と異を唱えたのが、当時ヨーカ堂常務兼セブンイレブン社長の鈴木氏だった。1982年に業務改革（業革）委員会を発足させ、企業体質の変革に向けて強力なリーダーシップを発揮してきた。

業革委員会を通じて鈴木氏がまず着手したのは「死に筋商品の排除」である。その頃ヨーカ堂では、売れ残り商品を大幅値引きで赤字販売したり、廃棄したりすることで生じた損金が利益の3倍にも上っていた。売れない商品は、廃棄ロスの直接的な原因となるだけでなく、売れる商品を売り場スペースから締め出すという意味で二重の損を生む。

「在庫を減らし、死に筋を徹底的に排除しよう」という鈴木氏の主張はしかし、周囲の猛反発を呼んだ。「豊富な品揃えが店の魅力になる以上、ある程度のロスは仕方ない」という旧来の常識に固まったヨーカ堂幹部は、現場を知らない素人の発想と受け止めた。

孤軍奮闘。周囲の懐疑の目と戦いながら、鈴木氏主導の業革委員会は着実に成果を上げていった。1980年代後半に確立した「日本で最も効率的な小売業」というヨーカ堂の評価は鈴木業革の賜物と言ってよい。

以来約20年、週1回開かれる業革会議を通じて鈴木社長の主張は一貫している。小売業の古い固定観念を捨て、独自の仮説を立て、それを検証するというサイクルを通じて不断の変革を追求する。「何度同じことを言わせるんだ」という鈴木社長の叱責のセリフは会議の常套句と言えるほどだ。

## 「成功体験の呪縛が過信を生んだ」

業革は一時の中断もなしに今に続く。そこで鈴木社長が訴える内容も不変だ。にもかかわらず、この間にヨーカ堂は、効率的で収益力の高い企業体質をいったんは確立し、今それが急速に綻び始めている。これが意味するものは何なのか。

「成功体験の呪縛である」と鈴木社長は言う。業革がもたらした「独り勝ち」状態が組織に植えつけた自信はやがて過信に変わった。しかし、「現実には本当の意味での変化対応能力は身についていなかった」（鈴木社長）。

鈴木社長と30年以上の交遊がある流通専門誌「２０２０ＡＩＭ」の緒方知行主幹は、「鈴木社長は今でも自分の方針に全く迷いを感じていない。いかにその方針を組織に浸透させるかだけを考えている」と断言する。つまり、鈴木社長が現場に足を踏み入れるのは、自らの方針に迷いが生じたからではなく、口が酸っぱくなるほど繰り返してきた指示が、現場のどこで滞っているのかを把握し、確実に実行されるようにするためであるという。

成功体験が生んだ組織の危機感欠如。これは間違いなく強い企業が病に至る緩慢な道のりの始まりである。

やや異なる見方もある。ヨーカ堂のある有力取引先幹部は「ヨーカ堂社員が『さすがの鈴木さんも当たらなくなったな』という会話を交わすのに出合うことが増えた」と言う。鈴木社長の方針や指示が売り上げ増や利益増の結果に結びつかず、さしもの〝神通力〟に陰りが生じているという意見だ。

日本が安定成長期に入った１９８０年代の実質経済成長率は3～5％台だった。そうした中で高い効果を上げた「一貫した方針」が、ゼロ成長そしてマイナス成長という足元の環境下で同じ効力を発揮しないとしても不思議ではない。しかし、現場の懐疑が経営トップに直接向かわず、面従腹背という消極的対応で処理されているとすれば、病は相当進行していると言える。

「最強」の名をほしいままにした小売りグループに何が起こっているのか。

## 機能不全に陥った「チームMD」

「正直言って自分でも買いたいと思う商品が少ない。探せばいい商品はあるのだが、売り場は統一感がなく、魅力を出せない。チームマーチャンダイジング（チームMD）が機能していれば、こんな事態には陥らないはずなのだが」。あるヨーカ堂の社員は嘆く。

ヨーカ堂は長年、メーカーと一体となって商品を企画・開発するチームMDに取り組んでいる。主力商品の衣料を例に取ると、繊維や素材メーカーまでも巻き込み、店頭の売り上げを反映させる形でリピートオーダーをかけながら、売れ筋商品を効率的に調達するのが理想だ。しかし、その衣料部門の業績を見る限り、チームMDは苦戦している。

「あるアイテムが売れて品切れになると、それに似た商品を仕入れて、それがなくなるとさらに代わりの品を入れる。代替品の代替品となっていくほど売り上げも落ち、値下げして売ることになる。こうした機会ロス、値引きロスが多く発生した」（衣料品を担当する河邉司郎取締役)。

こうした悪循環に陥ったのは、バイヤーが売れなかった場合のリスクを考えてアパレル問屋頼みの仕入れをしがちだったからだ。もともと衣料品の業界は、アパレル問屋の力が強い。しかも売り手市場では、商品を並べれば売れた。そうした長年の商習慣からなかなか抜け切れない。そのうえ最近は商品のライフサイクルが短くなる一方。価格競争も激しいが、安ければ売れるわけでもない。

自信を持てないバイヤーは持ち込まれた企画を採用する。売れなければ値下げする。その結果、粗利が減ってしまう。

数字を作るために、バイヤーがシーズン途中でスポット的に売れ筋商品を仕入れることもある。「会社が売り場のデザインや推奨商品を決めていても、ほかの商品が交じれば全体のイメージは崩れる。アイテム数も増えていき、結果的にどんどん非効率になる」(ある現場社員)。

ヨーカ堂の場合、仕入れはすべて買い取りが原則。数万枚の単位で発注しながら、売れ行きが伸びなかった場合は、ヨーカ堂が金利などを負担する形で、持ち越す場合もある。

鈴木社長は「売れる商品に絞り込み、提案型の売り場を作れ」とハッパをかける。だが、読みを外した場合に発生するロスを考えると、現場には戸惑いも残る。

非効率性を排除し、自分たちで商品を企画しようと様々な手も打たれている。2000年、ヨーカ堂は社内に「IYデザインスタジオ」を開設。今まで取引のなかった17人の社外デザイナーと契約し、最新のデザインや海外情報を提供している。さらに2000年には上海に事務所も設けた。海外生産の比率を7割に高め、しかもそのうち中国の比率が96%と産地も絞り込んだ。

新体制は既に成功例を生み出している。2000年は3000枚程度の売れ行きだったレザージャケットは今シーズン、8万5000枚を売り上げた。取り組み次第で売り上げは伸ばせるとの確信の下、夏物商品もアイテム数を大胆に絞り込んだ。例えば、主力アイテムであるTシャツについては、25%をボーダー（縞柄）で揃えた。「ボーダーシャツならヨーカ堂と言わせるくらいの品揃えを狙う」（河邉取締役）。

2001年4月中旬に開かれたヨーカ堂の夏物衣料展示会。そこに並んだのは主力ブランド「IYベーシックス」と「L&B」など自社商品を中心に2万1000アイテムだった。現在、店舗には5万アイテムを超える商品が並んでいる。「自社商品で売り場を作れ」。本部は強力にメッセージを発信している。

社内にトレンド情報を発信するIYデザインスタジオ（2001年取材時点のもの）

**イトーヨーカ堂の2000年度の部門別売上構成比**

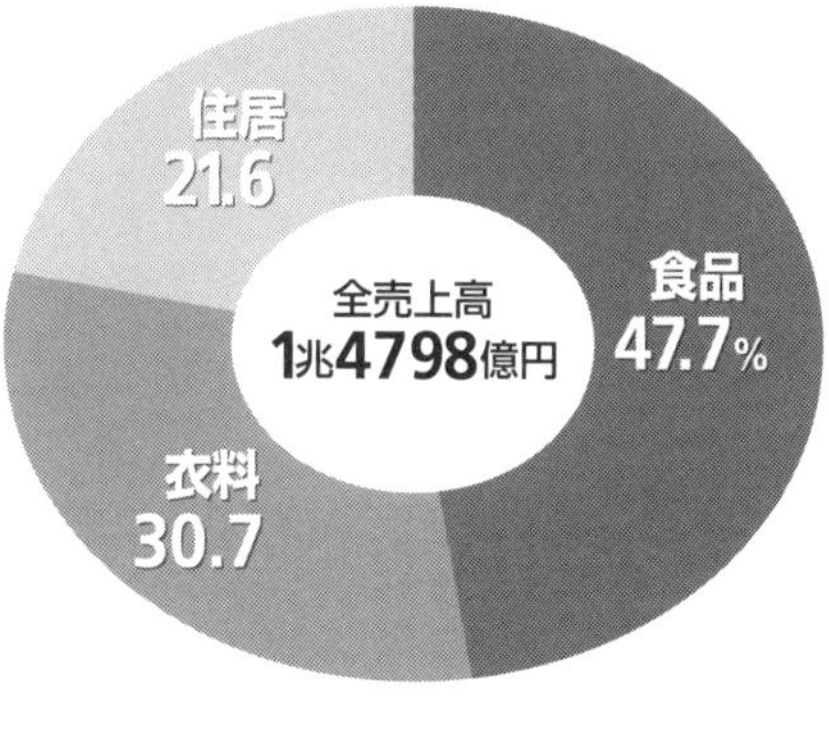

## セブンとヨーカ堂の落差

「セブンイレブンはメーカーとの共同開発に成功している。どうしてセブンにできてヨーカ堂にできないんだ」

鈴木社長がヨーカ堂のチームMDの遅れに焦る理由はここにもある。セブンイレブンは、2000年4月にも日清食品と共同で有名ラーメン店の味を再現したインスタントラーメンを投入した。担当者が札幌の「純連《すみれ》」、博多の「一風堂」など話題の店に30回以上も足を運び、自店の味に自信とこだわりを持つ主人に門前払いされながらも粘り強く説得した努力の結晶だ。それは2001年1月までに1000万個を売る、大ヒット商品となった。

グループ会社のヨークベニマルの食品部門も負けてはいない。宮城県気仙沼で水揚げされるサメに目をつけ、NB（ナショナルブランド）メーカーがいったん冷凍して工場ではんぺんにするところを、生のまま地元で加工した。このはんぺんを中心におでんダネを開発。「銀座のおでん専門店などでダシやタネを研究し、前年比130％の売り上げを記録した」（和デイリー食品部シニアバイヤーの芳賀英文氏）。

グループ内ではチームMDの体制が育ちつつある。

「ヨーカ堂は売り手市場の頃の意識から抜け切れていない。セブンイレブンは私が最初からやってきたからできているのだが」。鈴木社長はヨーカ堂へのいら立ちを募らせる。

「セブンイレブンのフィールドカウンセラーは、1人で7~8店舗、約800㎡の売り場を受け持つ。アイテム数は約3000。ヨーカ堂の店舗のマネジャーも1人当たりの担当売り場面積やアイテム数はほとんど変わらない。だから同じように売り場を管理できて当然」(佐藤信武副社長)と幹部は見る。だが現場には「コンビニとスーパーでは、商品調達の方法も売り方も違う。同じモノサシを当てはめるのは無理」との反論の声があるのも事実だ。

今や総合スーパーの衣料部門にとって脅威となっているユニクロ。ファーストリテイリングの沢田貴司副社長は、かつて伊藤忠商事勤務時代にヨーカ堂を担当していた。またヨーカ堂出身で、コンサルティング会社を経営する大久保恒夫氏はユニクロの事情にも詳しく、鈴木社長に「ヨーカ堂はなぜ鈴木社長の言う通りにやらないのか」と問いかけているという。

〝本家〟はこちらなのに、なぜヨーカ堂でユニクロ方式の調達が実行できないのか、鈴木社長をはじめヨーカ堂幹部の胸中には、そんな不満がくすぶっている。

## 情報システム導入が裏目に

ヨーカ堂の情報システム部員が2001年3月から店舗に入り浸っている。この4年前も、彼らは2カ月間店舗に入り込み、店員と共に売り場業務を経験した。新しい（第4次）情報システムを構築するため、店舗における受発注業務の流れを把握し、問題点を洗い出すのが目的だった。

今回のシステム部員の店舗入りが次期システム構築を目的としたものであれば、彼らの表情はもっと晴れ晴れしていただろう。ヨーカ堂は既に第5次システムの開発に着手してはいる。だが、2001年3月からの店舗入りは、現行の第4次システムを店員に使わせ、成果を出させるためである。今後順次、全国の店舗にシステム部員を送り込み、最終的には30店舗でシステムの有効利用を促していく計画だ。

「徹底してシステムを使ってもらい、成功事例を作りたい」と第4次システムの構築責任者である岡村洋次・情報システム部統括マネジャーは言う。裏返せば、システムが徹底して使われておらず、目に見える成果も上げていないことになる。

1999年10月に稼働した第4次情報システムの狙いは、死に筋商品を削減し、新規の売れる商品を迅速に供給することで、粗利益額を高める点にある。だが、現時点では狙い通りの成果が上がっていない。システム活用頻度の高い社員が担当する商品群では、死に筋商品が減っているという相関関係は表れている。だが、その後が続かない。

重点商品や新規商品の発注量は増えておらず、従って粗利益額の向上も確認できていない。500億円をかけた投資だけに、看過できない事態だ。これまでは、システム利用頻度の低い店舗の店長に注意を与えてきたが、それだけでは生ぬるいと判断した。

第4次システム自体は、セブンイレブンを除けば、ほかのどの小売りチェーンよりも先進的だ。商品基本台帳から本部の商品部が作成する商品計画、品揃え計画・提案、販促計画、イベント情報などを本部と店舗の間で完全に共有する。本部・店舗間の情報のやり取りは大量高速通信が可能な衛星を利用する。店員は大型液晶を使った携帯端末で情報を入手、入力するから、売り場やバックヤードの在庫を確認しながら、その場で発注作業ができる。

本部から店舗に一度に大量の情報を送るのではなく、店員それぞれの業務にとって必要な情報を小分けにして確実に届くようシステム上の工夫もこらしてある。定型の分析フォームを用意し、品揃えは適切か、死に筋排除は進んでいるかなどを単品ごとに分析できるようにもしている。なのに、結果が表れない。

原因はいくつか考えられる。雑多な店舗業務に忙しく、システムを活用する時間がない可能性がある。分析フォームに並ぶデータをどう読み取り、どんな行動に結びつければよいかが分からないという情報リテラシー教育の不足も考えられる。そして、情報システム部門が最も心配するのは、店舗がシステムを攻めではなく守りに使っているのではないかという疑いだ。

現に、死に筋排除までの効果は出ていながら、新規・重点商品の発注は増えていない。これは店側が売り場の商品の動きや顧客の反応を基に、独自に仮説を立て、これぞという商品をまとまった数量で発注していないことを意味する。これでは、同じ商品分野の中でも売れ筋と死に筋がはっきり分かれる昨今の消費構造への対応は不可能であり、全社を挙げて取り組む重点目標であるアイテム数の絞り込みは絵に描いた餅になる。

攻めの発注を支援するという設計思想から構築された情報システムが、全く逆の目的で利用されているとすれば、その先に待っているのは縮小均衡でしかない。

## デフレ対応迫られるセブン

「消費者に驚きを持ってもらうには、200円くらいの弁当が必要ではないか」

2001年3月5日、幹部の集まるマネジャー会議の席で、セブンイレブン社長の鈴木敏文氏はこう発言した。これが先頃話題を呼んだセブンイレブンの「250円弁当」の発売の発端だ。背景には弁当やおにぎりなどの米飯類の不振がある。同社の2001年2月の米飯部門の売り上げは前年比96％台と低迷していた。もちろんハンバーガーや牛丼チェーンなど外食産業の安売りのあおりを受けてのものだ。

セブンイレブンの商品開発のスピードはすさまじい。鈴木氏の発言から12日後の3月17日には「お手軽弁当（そぼろ&かき揚げ）」を発売した。通常の弁当と同じ230gのご飯に鶏、卵のそぼろ、野菜かき揚げ、漬物などを乗せたものだ。おかず類を少なめにし、調理麺や総菜、デザートなどと組み合わせて購入しても割安感が出るようにした。それ以来、週1回のペースでお手軽弁当の新商品を投入し、店頭には常に売れ筋の2品を並べるようにしている。

結果はどうか。2001年4月の米飯部門の実績は、数量ベースで前年比が約108％、金額ベースで約100%。前年割れを食い止める効果はあったが、話題性のある商品の当初の実績としては手放しで喜べる状況ではない。セブンイレブンでは当初、お手軽弁当の顧客として女性や高齢者がデザートや総菜などと一緒に購入してくれることを想定していたが、今のところ男子高校生などの購入が目立つ。同時期に牛丼を250円に値下げした吉野家ディー・アンド・シーが通常の3倍の客を集めたのに比べると、結果はやや物足りない感がある。

セブンイレブンにおける価格の見直しは今に始まったものではない。

1999年11月のビール、2000年12月のおにぎり、2001年2月のフィルムや電池などの雑貨類と、断続的に値下げに踏み切ってきた。期間を限定してほぼ全品を値下げしたこともある。こうした動きをとらえて、周囲からは「これまで一貫して『コンビニは価格でなく利便性を訴求するところ』と言い続けてきたセブンイレブンが値下げを率先しているのは、焦りの表れではないか」（あるコンビニチェーンの社長）といった声が聞かれる。

これに対して、商品本部長の池田勝彦専務は「あくまでも消費者の低価格に対する感度が高まっているのに対応しているだけ」と反論する。鈴木氏も「デフレの時代だからとい

2001年3月、セブンイレブンはデフレ対応の一環で250円弁当を出した

って、何でも安くすれば売れると考えるのは間違い。３５０円の価値のあるものを２５０円で提供するところに意味がある」と語る。「値引きに走っている」のでなく、あくまで「価値ある商品を低価格で提供している」というのがセブン側の主張だ。

ただ、少なくとも、これまで利便性を第一義に掲げてきたセブンイレブンが、ここへきて価格対応を迫られていることだけは確かだ。

事は価格の問題だけではない。首都圏を中心とした出店用地難、若年層の消費に占める携帯電話料金の比率増加、スーパーの営業時間延長に伴うコンビニ店舗の優位性の低下など、セブンイレブンを取り巻く環境には新たな懸念材料が次々登場している。

現在の平均日販は約67万5000円で全国のコンビニチェーンの平均を20万円以上引き離す。今さらほかのコンビニチェーンやヨーカ堂に比べた、商品開発力の強さに異論を挟む向きは少ないだろう。とはいえ、その平均日販は1993年2月期の68万2000円をピークに、8年間も足踏みが続いている。

もう一段の成長となると、新たな刺激策が必要だ。しかし、250円という思い切った価格設定の弁当を出しても、売り上げの大幅な底上げにつながらないところに、同社の苦悩の一端が垣間見える。

## 甘い見通し、伸び悩むEC

苦戦が伝えられているセブンイレブンの電子商取引（EC）事業子会社セブンドリーム・ドットコム。一体どの程度の実績が出ているのか、これまで外部には一切公表されていなかったが、今回、日経ビジネスの取材により、初年度の実績が明らかになった。

「売り上げは目標の3割の約30億円。損益は十数億円の赤字」というのがその結果だ。同社は2000年7月のサイト開設から2000年12月までの半年間の取扱高を100億円と予想していたが、結果は約30億円に終わった。この数字は、見方によっては健闘とも言える。なぜなら、楽天のような一部のインターネット販売専業者を除けば、事業会社でこれだけの売上高を稼いでいる企業はほとんど見当たらないからだ。

とはいえ、セブンイレブンの知名度やブランド力を考慮すると、順調とは言い難い。何より、これほど予想と実績が乖離するのは同社らしくない。緻密なマーケティングに基づいて目標を設定し、着実にクリアするのがこれまでのセブンイレブンの姿ではなかったか。「甘い見通しに基づいて情報システムや人員に投資してきたため、予想以上に赤字幅が膨らんだ」とセブンドリームのある関係者は打ち明ける。セキュリティーに万全の体制を敷いた面もあるが、「サーバーの規模などが大きく、これがコスト負担となっている」と複数の関係者が証言する。

セブンドリームは設立に当たって2001年度、2003年度の取扱高目標をそれぞれ1500億円、3000億円としてきたが、既にこの目標は社内的には下方修正されている模様だ。また、ネット戦略の中核となる店頭に置くマルチメディア端末「セブンナビ」についても、当初は2001年5月までに約8600ある全店に広げる予定だったが、当面は都内1200店舗で成果を検証することになった。

今後のセブンドリームの成功のカギは、商品開発力が握っている。これまで同サイトでは、パソコンやその周辺機器などが予想外に売れてきた。しかし、セブンイレブンが得意であるはずの食品や雑貨類などは、売れ行きが悪かった。期待した旅行分野なども今のところ目立った成果は出ていない。

セブンイレブンの碓井誠・常務情報システム本部長は「ネットが好きな人はともかく、店舗に来る一般消費者が興味を持つような商品の反応が乏しい。今後はこうした人に向けた独自性のある商品を開発していく」と語る。

セブンドリームのほか、ようやく2001年5月の開業が決まったアイワイバンク銀行、2000年8月にニチイ学館、三井物産などと組んで設立した、高齢者などを対象に買い物代行を手掛けるセブン・ミールサービスなどは、横ばいが続くセブンイレブンの店舗の売り上げを引き上げる役割を担っている。ただ、こうした新事業がどの段階で成果に結びつくのかは未知数だ。

鈴木氏は「セブンイレブンを設立した時も、周囲からは『成功するわけがない』と言われた。現在の状況もそれと同じだ」と冷静に構える。とはいえ、金融、ネットなどの世界は、これまでの経験則が通じない極めて難易度の高いビジネスであることは間違いない。今こそセブンイレブンの真の変化対応力が試されている。

interview

## 鈴木社長インタビュー「変化には時間がかかる」

あえて厳しい決算にすることで、ショック療法を施す。問屋任せのマーチャンダイジングがヨーカ堂の弱点と指摘し、自ら現場に踏み込むも、日経ビジネスのインタビューに対し、鈴木社長は、「変化には時間がかかる」と語った。

——ここ数年、ヨーカ堂は時代の変化に対応できていないと言い続けてきました。2000年度決算の大幅な減益という結果は、必然ですか。

**鈴木**：確かに厳しい決算でしたが、ある程度予測できたことです。格好だけ取り繕うこともできたけれども、ショック療法も必要です。

問題は衣料品にあります。衣料品では売れる商品がどうしても集中しますから、最初の投入量が少ないと欠品が出る。その「あれば売れたはず」というのを機会損失という言い方をしていますけれども、この機会損失が多いということはお客さんの欲しい商品がないわけですから、売れ残りが増えて値下げ処分につながるのです。

ただ、2000年度の上期は既存店の売上高が前年比9%のマイナスだったんです。それが下期は3%マイナス、年間では6%のマイナスにまで戻しました。2001年に入ってからも101%まで回復しており、2000年で底をついたと思っています。

――これまでと違って自ら現場に出向くようになったそうですね。

**鈴木**：2000年あたりから現場の状況をより深く把握しようと動いてますけど、商品部に行って「色やデザインをこうしろ」などと直接口を出すことはなるべくしないようにしている。私にそんな能力があるわけではないし、トップが直接指示しなければ動かない会社なんて、いつになってもダメなままですよ。

セブンイレブンは私が最初からやってきたから、全部分かっている。でも、ヨーカ堂では誰だって理解できる小学校の算数みたいなことも、できていない。みんな商品についての理屈は言っても、怖がってやらない。それで、問屋さんに商品の売れ筋を聞いて、「じゃ、それを入れてください」と。こういうことをやってきたんです。つい数年前までは、商品が売れなかったら安くすればよかった。ところが、今は安くしたから売れるという時代じゃない。ところがその変化への対応力がないから、どうしても少ししか仕入れなくなる。悪循環です。

——2001年1月にかなりの降格人事を断行したようですが、これもショック療法の1つですか。

**鈴木**：変化に対応できる人とできない人がいるということです。例えば、本部の商品部から同じ商品を送り込んでも、店によって差がついてしまう。店長を入れ替えることによって数字が変わったら、これは店長の力量ということになりますよね。

——「社長は店長経験もないし、商売がよく分かっていない」といった現場の不満も耳にしますが。

**鈴木**：不満が出るのは健全なことだと思います。ただ、改革とは自分にとって不都合なことをやり遂げることです。私はあくまで客の目で見ていますから、お客さんのわがままを聞くために自分が変わらなくちゃいかんと言い続けている。だから、私が言うことには「それは無理だ」と思うことがたくさんあるはずです。しかし、実際にそれをやってみて、結果が出ればみんな納得するはずです。

## 「小売業は急には変われない」

――それにしても、結果を出すまでに時間がかかりすぎていませんか。チームMDとか業革などの地道な改善ではなく、もっと大胆な改革が必要になっているのではないでしょうか。例えば、セブンイレブンとヨーカ堂でスタッフを総入れ替えするとか……。

**鈴木**：セブンイレブンの人間をヨーカ堂に持っていったらうまくいくというものでもないんです。小売業というのは、ぱっと組織を変えても商品がすぐ売れるようにはならない。どうしたって時間がかかるんです。特にお客さんの信頼を失ったら、取り戻すには相当努力しないといけない。チェーン全体として取り組むためには、地味なことをやり続けないといけないんです。

――現場の一人ひとりがリスクを持つという意識改革がまずは必要だと。

**鈴木**：そうです。これは一番時間がかかる。例えば、運動選手が今日から心を入れ替えたとしても、基礎体力がなければダメでしょう。セブンイレブンの連中にも言っているんです。「ヨーカ堂を見なさい。ちょっと前まではダントツの利益を出していた会社があっという間に落ち込んでしまう。別にみんながサボったわけではない。革新性を持たなかっただけでこうなるんだよ」と。

――そのセブンイレブンも、既存店の売上高は伸び悩んでいます。原因はどのあたりにありますか。

**鈴木**：5年ほど前にも既存店の売上高が前年割れしたことはあります。ですから、これだけ物価が下がっている厳しい時に、前年より0・2％下がったから大きな曲がり角に来たという見方は、違うと思います。

では、なぜこうなっているかというと、セブンイレブンも今までの成功体験の中で考えているからなんです。ただ、ほかのコンビニよりも多少革新性があるから、既存店割れの状態も平均日販も全然違う。だけど、私は新たな成功体験を作っていかなければならないと、相当厳しく言っています。

――ヨーカ堂とセブンイレブンの違いは何に起因しているのでしょうか。

**鈴木**：セブンイレブンを始めた時は、世の中で誰も相手にしてくれなかった。アゲンストの風がびゅうびゅう吹いている中で球を打つ練習をしてきた。逆にスーパーはずっとフォローの風が吹いている中で球を打ってきたわけです。だから、ちょっとアゲンストの風が来ると、同じフォームで打っているつもりが、みんな曲がってしまう。

――ヨーカ堂とセブンイレブンの差として、マイナス情報の伝わりやすさという要素はありませんか。セブンイレブンではフランチャイズオーナーからのプレッシャーもあるし、創業時からの社員もいて率直な意見が出やすい。一方、ヨーカ堂にはサラリーマン組織の情報遮断が見られる気がします。

**鈴木**：確かにセブンイレブンでは、創業から現在に至るまでオーナーと直接話をしています。これを26年間やってきた。さらに毎週月曜日にはマネジャー会議を開いて、悪い話も含めていろいろな情報を吸い上げています。ヨーカ堂は人を集めて、店を作って、商品を入れさえすれば売れてきたので、みんなが集まって協議する必要がなかった。だからそういう習慣もない。

――それは変わりますか。

**鈴木**：今は店長を毎週集めるというような形に変えていますが、なかなかそれが変化に結びつかない。長い間の習慣を変えるのは、大変なんですよ。

例えば、総菜を作る時に、セブンイレブンの連中は、自分たちで総菜を味見して、とことんやるわけです。ところが、ヨーカ堂の連中はというと、「メーカーさん、あなた方は専門家なんですから作ってください」と言う。これは丸投げですよ。私はこれを2〜3年前に知って、冗談じゃないと文句を言った。セブンイレブンでは少なくとも商品開発には自分たちも入るべきだという育て方をしてきたので、ヨーカ堂も当然そうやっていると勝手に思い込んでいたわけです。

——最近、セブンイレブンも価格競争に巻き込まれて、以前はやらなかった商品の値下げが目立っています。これはデフレへの防衛策ですか。

**鈴木**：セブンイレブンでは110円や120円のおにぎりを100円に値下げしました。でも、売れないからとか、デフレだから100円のおにぎりを作ったんじゃないんです。今まで120円で売っていた商品を100円にすることで、価値を高めようとしたわけです。250円のお弁当も、350円以上の価値があるものを250円にしたから売れた。あくまでお客さんに価値を感じてもらえる商品を開発しない限り、ただ値段を下げても売れないということです。

## 「アイワイバンクは3〜4年で黒字化する」

――アイワイバンク銀行(現セブン銀行)がようやくスタートしますが、最初に描いた理想形からは、だいぶ換骨奪胎されたものになったのではないですか。

**鈴木**：いやいや、それは全然違います。時間がかかったのは、監督官庁が新しいものをどう受け入れていいか分からないということがありました。それからもう1つは、銀行さんの立場で考えると、本当に決済業務だけで運営できるかという懸念があったようです。

しかし、例えば公共料金などの収納代行サービスでも、2001年で既に8000億円を超える取り扱い実績を上げている。それまで銀行や郵便局に行かなくてはできなかったことが、セブンイレブンでもできるということで受け入れられた。銀行業務でも同様です。だけど、我々が「こうなりますよ」と言ったって、現実にやってみないと証明しようがないわけでしょう。そういう意味で時間がかかったのは事実です。

――いつ頃黒字になると見込んでいますか。

**鈴木**：3〜4年で黒字にもっていきたいと思っています。セブンイレブンを始めた時だって、新しいビジネスをやってきた時だって、全部「そんなものはできるわけないじゃないか」と言われた。それに比べれば今回の銀行は恵まれている方ですよ。

——最後に後継者の問題なんですが、事ここに及ぶと、後継者問題がヨーカ堂グループにとっての最大の経営リスクとマーケットから見られる可能性もあります。しかるべき準備はしているのですか。

**鈴木**：こればかりは、私に本当に後継者を作ることができるんだろうかと思うんです。いろいろな企業で「何人抜き社長」といった話題が出てくるでしょう。あれは何年も前から計画していたわけじゃない。例えば、ヨーカ堂が再び成長路線に乗った段階と、どうやってもうまくいかないという場合では、バトンタッチすべき人間が違うはずです。だから、しかるべき時にしかるべき人にバトンタッチするとしか言えませんね。

（日経ビジネス２００１年5月14日号の特集「鈴木敏文の自縛 常勝集団を悩ます成功体験」を再編集しました。社名、役職名は当時のものです。）

# 2節 ミレニアム統合に込めた成長への執念

2005年12月26日、ビッグニュースが流通業界を駆け巡った。セブン&アイ・ホールディングスが、そごうと西武百貨店を展開するミレニアムリテイリングを傘下に収めると発表したのだ。この直後、日経ビジネスではセブン&アイ会長だった鈴木敏文氏にインタビューを敢行している。百貨店をグループに加え、鈴木氏はセブン&アイのどのような未来図を描いたのか。鈴木氏の言葉から、壮大な構想が明らかになった。

コンビニエンスストア、スーパー、百貨店を傘下に収める巨大グループの誕生。セブン&アイ・ホールディングスとミレニアムリテイリングの連結売上高は合計4兆5000億円強と、国内で首位、世界でも有数の規模になる。セブン&アイの鈴木敏文会長は再編の経緯から語り始めた。

経営統合を発表し、笑顔で握手するセブン＆アイ鈴木会長(右)とミレニアム和田社長

「統合は、ミレニアムの和田繁明社長と2人で話をしていく中で進んでいきました。（2005年9月に）持ち株会社を作った当初、和田さんは冗談半分で『うちも加えてくれ』という感じでしたが、やがてこれからの流通業はどうあるべきか、という話に発展したんです」

「例えば、『ユニクロ』って何なんだ、というような話。安さから言えばディスカウントストアかもしれないが違う。ファッションを追うといってもデパートではない。大きなくくりでは専門店かもしれないが、新しいマーケットを作った。我々も、新しいものを作り出していかなければいけないというような話をしていったわけです」

共に過去の成功体験を否定し、革新に飢えている鈴木会長と和田社長にとって、経営統合が合意に至るのに、時間はかからなかった。

「ミレニアムは安定株主の確保という問題を抱えていました。我々のグループに入ると、その大きな悩みが解消する。同じような考えで、新しいマーケットに挑戦することができれば非常にいいのではないかとスムーズに進んだわけです。ですから、単純に売り上げ規模を大きくしようという目的ではない。資本の論理で統合を進めたわけではありません」

「私がかつて、セブンイレブンという全く新しい業態を作り出したように、ミレニアムとも力を合わせて全く新しいものを作りたいと思っています。ミレニアムはミレニアム、イトーヨーカ堂はヨーカ堂でもちろん、きちんと商売していかなければいけませんが、その上に何か新しいものを作ってもいいじゃないかということです」

2005年から国内総人口が減少し始め、今後は国内需要も一層落ち込むことが予想される。鈴木会長はその変化の波をもっと前に受け止めていた。

## 統合は「壮大な実験」

「日本の人口が減り始めたと最近言われていますが、現実には高齢化によって食べ盛りの人は以前から減っており、食の消費量は人口よりも先行して減っています。それは、衣料品などほかの商品にも当てはまり、消費の飽和状態はこのところずっと続いている。天下のトヨタ自動車ですら、国内販売が落ちているわけですから」

「1997年度に家計の可処分所得がピークをつけ、膨張する時代というのは、もうとっくに終わっているわけです。コンビニで買い物をする若い人が減れば、売り上げが減るのは当たり前でしょう。だから、売り上げが落ちたから成長が止まったと言うのは、まるっきりナンセンスだ。もはや経営のパラダイムは変わったわけですよ」

「確かな利益を確保するという考え方にどれだけ早く移行できるかが、企業の将来や成長を左右するようになっています」

経営のパラダイムが変わった中で、今回の経営統合にどんなメリットを見いだしたのか。

「例えば、現在は両社それぞれが間接部門の統合に取り組んでいますが、すべて一本化すれば、相当のコストダウンが見込めます。業態を超えて、間接部門の統合に踏み切っているところはありません。単純に売り上げをプラスするというのではなくて、今までどこもやっていない壮大な実験に挑戦しようとしているわけです」

「セブン&アイ・グループ以外のミレニアムが入ってくることで、これまでにない情報が入ってくる利点も大きい。ヨーカ堂の衣料品で言うなら、百貨店の商品を並べるのではなくて、商品情報を共有化することで大きな刺激を受けられる。また、それが新しいものを作り出していくことにつながったり、人材交流にもつながったりします」

「ほかにも出せるメリットがあっちにも、こっちにもあるのではないか、と考えています。突き詰めて考えていくと、思いもつかないようなメリットが出てくるはずです」

では、業務上の相乗効果にはどのようなものが考えられるのか。

「セブンイレブンをプラットホームとして、ITを使い、百貨店の商品をセブンイレブンの店舗で扱うこともできるでしょう。実際、セブンイレブンでは贈答品の販売が今伸びています。ロイヤルティーの高いコンビニのプラットホームには、大きな可能性がある」

「セブン&アイにはロビンソンという百貨店もありますが、3店舗で中途半端な百貨店です。これも百貨店として認知されるものにしていかなければならない。ロビンソンについては、ミレニアムの多大な応援が必要になるでしょう」

鈴木会長の言葉に、既成概念の中にある業態の壁を打ち破りたいとの思いがにじむ。

## 縮小時代、業態の壁破る

「デパートだと当たり前のことが、これまではデパートだから(別の業態ではできない)と片づけてしまったりする。そういうものだと、完全に思い込んでいたわけです。デパートだから、スーパーだから、と。だけど、今のお客は、デパートのお客でもあり、スーパーのお客でもあり、コンビニのお客でもある」

「デパートで何をやっているか、スーパーでは何をやっているか、コンビニでは何をやっているか、それを擦り合わせることで非常に大きなメリットが出せるのではないでしょうか。そこに、差別化を求めていくということです」

こうした先入観の打破は、鈴木会長自身、2005年から始めたショッピングセンターの運営で痛感した。

「同じヨーカ堂でも、従来型のヨーカ堂と広域集客のショッピングセンターの中に入るヨーカ堂では売れる商品が全く違う。お客の求めるものが違うわけで、同じヨーカ堂ではない。こんなに違うものか、と驚きましたよ」

鈴木会長が「消費飽和」と呼ぶ日本で、消費経済は心理学の要素がより強まると見る。

「物が充足している時代には、ディスカウントストアは成り立ちません。生活レベルが全般的に高まってくると、消費するにしても満足したいと思うようになるのです。食べ物では、少量でもいいからおいしいものをと、衣料品でも、機能を果たせばいいというのではなく、自分の個性を出すためのファッションというわけです」

「おにぎりの値段が100円だった時に、180円、190円のものを出しました。弁当では300円や500円のものが当たり前なのに、おにぎりは100円だと決めつけるのは商売をする側の発想で、お客はそんなことは思っていない。ただ、値段を下げればいいのではなく、お客の心理を読むことが重要だと思います」

「今や僕は完全に、商売はご用聞きの時代に入ったとも考えています。インターネットも通信販売も、消費者の自宅に入り込んで商売をするわけですから、ネット時代はご用聞きの考え方が大切です」

「スーパーは安くするからこっちへ来いよ、というやり方を長く続けてきた。ですから、弁当や商品の宅配をするミールサービスを始めて、ご用聞きをやり始めました。高齢化が進んでおり、こうしたサービスの需要はすごくあるはずです」

「サービス面にしてもご用聞きということで変えていきます。今は、買い物に行ったら荷物をきちんと持ってきてくれたとか、駐車場まで運んでくれたとか、こういうサービスに年配の方などから、感謝の言葉がものすごく増えています。まだそういうサービスが全体として少ない証拠で、そこにニーズがあるわけです」

百貨店やスーパーは長い低迷の時代が続いている。そのことを問うと、こう答えた。

「デパートもスーパーにも明日がない、と長く言われてきましたが、デパートやスーパーがなくてよいというお客はいない。デパートやスーパーに問題があるなら、それは、経営に問題があるだけです。お客が求めるものに、変化させることができるかどうか、ミレニアムとの統合で、その実験をするということなんです」

「ヨーカ堂でも、今まで非常に不振だった衣料品が持ち直してきています。ヨーカ堂の社員に少し、自覚が出てきて、変わろうとしています。そういう希望が見え始めてきた。2009年2月期までに30店舗を閉鎖する計画でしたが、今の状況が続けば、閉鎖店舗は減るかもしれない。やり方を変えれば、変わるのです」

## 統合、ヨーカ堂改革も視野に

セブン&アイが買収を検討していた企業には、ミレニアムよりずっと小さな小売業も含まれていたが、資産内容が悪く、取りやめた経緯がある。そして第1号がミレニアムとなったのは、超大型案件であるということ以上に大きな意味を持つ。

２００５年９月に持ち株会社へ移行してヨーカ堂とセブン-イレブン・ジャパンの時価総額の親子逆転を解消したセブン＆アイの成り立ちを踏まえれば、ミレニアムの買収で「名実ともにヨーカ堂は一事業会社になった」（セブン＆アイ幹部）わけだ。

そのヨーカ堂は２００５年度上期の営業利益が54億円にとどまった。不採算店の閉鎖は当初見込んだ4年で30店という規模を下回る可能性はあるものの、荒療治は避けられない。

ヨーカ堂は２００５年度期から、多数のテナントを呼び込むショッピングセンター開発に乗り出した。ミレニアムとの統合には、ショッピングセンターを含めた新たな商業施設開発に活路を見いだす狙いも透ける。

（日経ビジネス２００６年1月9日号の特集「セブン＆アイ、ミレニアム統合は『人口減再編』の始まり」を再編集しました。社名、役職名は当時のものです。）

# 3節 鈴木帝国の覚悟「血の入れ替え」

2012年、セブン&アイ・ホールディングス会長だった鈴木敏文は、イトーヨーカ堂の社員数千人を、セブンイレブンに出向させるなどの大規模な改革に踏み切った。これまでも繰り返しヨーカ堂の改革に挑んできたが、この規模は従来と一線を画していた。日経ビジネスでは2013年1月、この改革を取材。鈴木が改革に込めた思いは何か。

首都圏のイトーヨーカドーで正社員として働く30代の前田歩(仮名)に辞令が下ったのは、2012年秋のことだった。

セブン-イレブン・ジャパンへの出向。その知らせに、職場は静まりかえった。

「なぜ、自分が対象になったのか」。前田は出向を希望していたわけではない。それだけに、衝撃は大きかった。少なくともこれから3年間、セブンイレブンの直営店店長やOFC(オペレーション・フィールド・カウンセラー=店舗経営相談員)として勤務することになる。

職場に重たい雰囲気が漂う中、前田と同い年のパート社員がつぶやいた。

「前田さんは衣料のエースだったのに……」。衣料部門にはほかにも社員がいるが、「最も仕事ができる人材」が指名された。その意味をパート社員は感じ取っていた。

「例年なら、次の辞令は1~2月に出る。これからも、優秀な若手からセブンイレブンに引き抜かれてしまうのではないか」

全国のヨーカドーで、「セブンイレブン出向」の人事が吹き荒れている。その数は、今後3年間で数千人に上る。

## 「血を入れ替え、洗脳する」

始まりは2012年8月23日だった。東京・四ツ谷のセブン&アイ・ホールディングス本社で行われた緊急会議の席上、会長の鈴木敏文はイトーヨーカ堂の店長たちを前にこう言い放った。

「3年をメドに社員数を半分に抑える。店舗におけるパートナー社員(パートとアルバイト）の比率は、今の75％から90％まで引き上げる」

ヨーカ堂の社員数は約８６００人だが、２０１５年までに４３００〜４４００人程度まで削減するという荒療治だ。定年や結婚退職などの自然減で１２００人程度を見込むが、残りの数千人は出向するか、志願してセブンイレブンの店舗オーナーになるしか道がない。

これまで鈴木は、業績不振のヨーカ堂に対して、セブンイレブンの経営手法を取り入れるように指示してきた。だが打開策は見いだせず、不振に喘ぐ。営業利益は２００９年度、17億円にまで凋落。２０１１年度は震災特需で１０５億円まで戻したが、その効果が剥げ落ちた２０１２年度は前の期を下回ることは確実だ。衰退という泥沼から抜け出せない。

もはや、小手先の「セブンイレブン化」では再生は難しい。そう悟った鈴木は、「血の入れ替え」（ヨーカ堂役員）を決断する。ヨーカ堂社員を大量出向させて「セブンイレブン流」を現場で叩き込み、ヨーカ堂に戻すという壮大な構想に着手した。

会議後の２０１２年９月、鈴木は会長室にセブンイレブン社長の井阪隆一を呼んだ。

「まず、１００人のヨーカ堂社員を受け入れてほしい。出向者に、セブンイレブンのノウハウを吸収させてくれ」

第１弾の辞令を受けたヨーカ堂社員は、若手・中堅社員が中心。既にセブンイレブン直営店での店舗研修に入っている。一方でもう1つの道、セブンイレブンのオーナーには200人が名乗りを上げ、うち50人が内定した。

「別に正社員をクビにするわけではないし、あくまで人事交流ですから」。鈴木はそう強調する。確かに内容を見れば解雇ではないが、鈴木の言う「人事交流」が生易しいものではないことは明らかだ。

ヨーカ堂の業績が下降線をたどり始めた1990年代以降、鈴木は店舗閉鎖を決めても、社員削減には踏み切らなかった。社内には「伊藤雅俊名誉会長は倒産するまで人を切らないという方針だった。社員を大切にする社風は今も残っている」（ヨーカ堂社員）という安心感が充満していた。

そこに、鈴木は根源的な問題を感じていた。

「日本に生まれ育つと日本語しかしゃべれないように、ヨーカ堂に生まれ育つと、過去の成功体験から抜け出せない。口で言ってもダメなら、完全に洗脳するしかない」

日経ビジネスの取材の中で、鈴木は「蛮勇を振るってでも」という言葉を使った。その時、こう問い返した。

「これで〝最後〟という思いですか」

その質問を予期していたかのように、鈴木は静かにうなずいた。

## 残酷なコントラスト

鈴木はこの瞬間を待っていたのではないか。取材ではこんな言葉もあった。

「ヨーカ堂がここまで落ち込めば、グループ幹部も（今回の改革の）必要性を共感してくれるでしょう」

セブンイレブンを最強の流通業に磨き上げた鈴木だが、これまでのヨーカ堂改革では、冷徹になり切れていたとは言い難い。伊藤に対する配慮が頭をかすめるのかもしれない。社内のコンセンサスを醸成しなければ先に進めない、と。

だが、改革に出るギリギリのタイミングが近づいていることを感じた鈴木は、2012年、ヨーカ堂社長の亀井淳に「荒療治」の計画を打ち明けている。それを聞いた亀井は、「セブンイレブンを使って、ヨーカ堂を引き上げるしかない」と悟ったという。

その背景には、残酷なまでのコントラストがある。

ヨーカ堂の営業利益が水面下に転落する瀬戸際の時、セブンイレブンは最高益の記録を

## 伸びゆくセブン、苦しむヨーカ堂

**2社の全店売上高の推移**

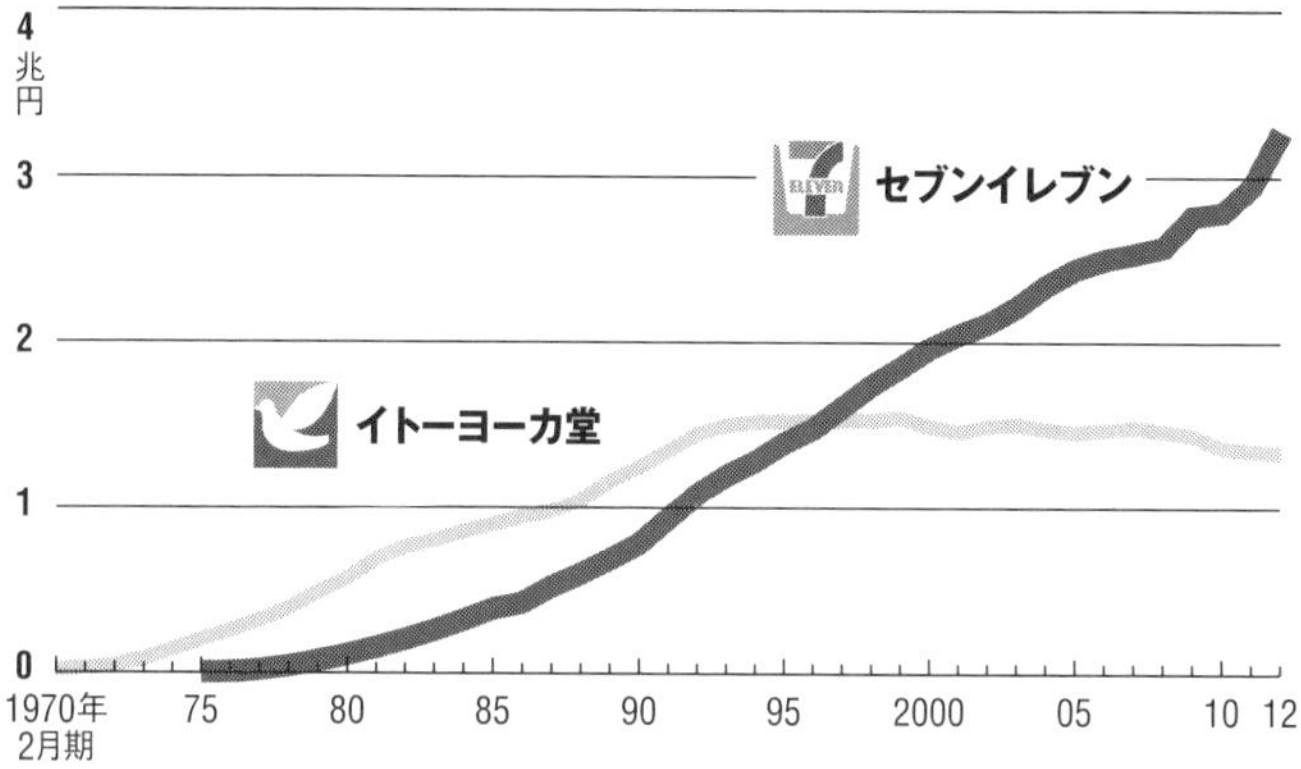


## 前年同月越えはセブンイレブンだけ

**既存店売上高の前年同月比推移(2012年6~11月)**

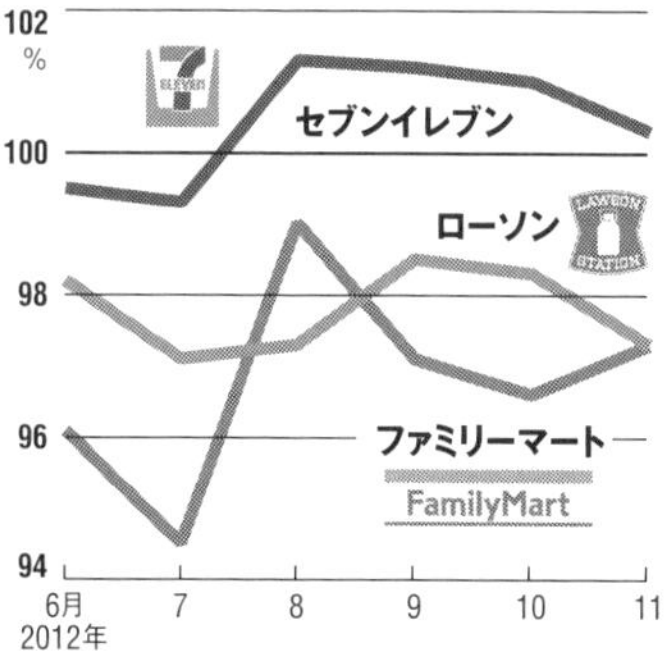


## セブンイレブンが頭1つ抜ける

**コンビニ大手の平均日販(2012年3~8月)**

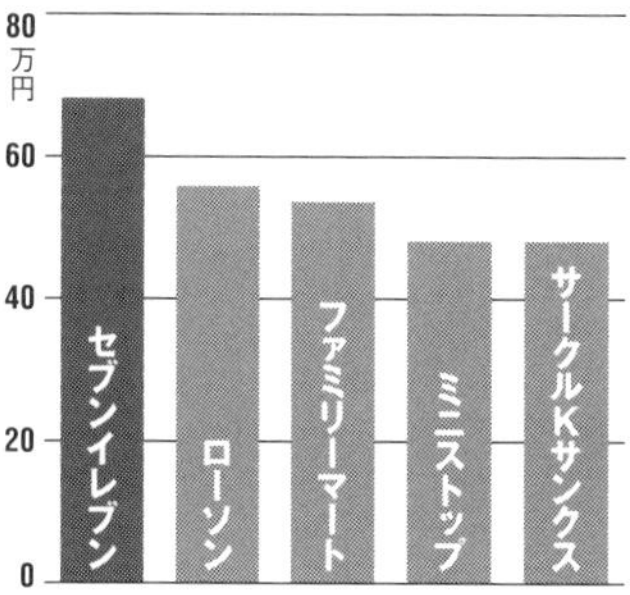

更新していた。2012年2月期のチェーン全店売上高は前期比11・3％増の3兆2805億円。国内小売業で単一チェーンとして史上初の3兆円に達した。出店数も2012年度は1350店、2013年度は1500店と過去最高の出店ペースに加速する。慎重な出店計画を立てる経営陣にゲキを飛ばし、成長のアクセルを踏んだのは鈴木だ。

全国制覇も迫る。2011年に鹿児島、2012年に秋田に出店して、未進出エリアを潰していった。2013年には四国に進出する。残る空白地帯は青森、鳥取、沖縄の3県。既に沖縄では、ライバル企業の幹部が「セブンイレブンが視察に来ている。進出するのではないか」と身構える。だが、井阪にそんな話題を振っても、「観光に行っただけでしょう」と煙に巻く。

そこには、独り勝ちする王者の余裕すら感じられる。ローソンやファミリーマートなどのライバルは、既存店売上高が前年割れを続ける。その中で2012年8月以降、セブンイレブンだけが、前年を上回る勢いを堅持している。

そして、一気呵成《いっきかせい》に出店攻勢をかける。現場の人手不足は慢性化しており、ヨーカ堂からの大量出向は「渡りに船」でもある。今なら躊躇《ちゅうちょ》なく人事を発動して、根こそぎセブンイレブンに引っ張り込むことができる。

鈴木が「血の入れ替え」という決断を下した背景には、足元の業績だけでない「歴史の教訓」もある。過去に幾度も「ヨーカ堂の変革」を口にしてきたが、実現できなかった。「(ヨーカ堂社員は)小売りの経験が長いから、言って聞かせれば理解するだろうと思い込んでいた」

鈴木が伊藤からヨーカ堂トップのバトンを託されたのは1992年。皮肉にも、そこからヨーカ堂の業績は下降線をたどる。次々と改革の手を打ってきたはずだが、効果が上がらない。

## 広がる「相互不信」の溝

2005年、鈴木は持ち株会社への移行に踏み切る。それまでヨーカ堂はセブンイレブンの親会社で、「業績が逆転されても、『自分たちが親だ』という意識が根強く残っていた」(元ヨーカ堂社員)。そこで、持ち株会社の傘下に両社を併置することで、緊張感を持たせようとした。

だが、主力のGMS(総合スーパー)が上向く兆しはない。ショッピングセンターやデイスカウンターといった新業態に手を伸ばすも、ヨーカ堂はことごとく競合の後手に回っている。

思うような数字が上がらないと、鈴木は容赦なく担当の首をすげ替えた。その都度、現場との相互不信の溝は深まっていく。

「経営トップの方針がコロコロ変わり、そのたびに売り場も社員も迷走する」（元衣料担当者）。「鈴木会長は方針は説明するが、現場に落とし込む作業を怠った。言葉が足りなかったのではないか」（元幹部）。

一方の鈴木は、ヨーカ堂の低迷が「過去の成功体験」から抜けきれず、変革できないことにあると指摘する。

鈴木の意のままに動くセブンイレブンと、動かないヨーカ堂。典型的なケースが、PB（プライベートブランド）商品の開発だ。2007年にスタートしたグループ共通PB「セブンプレミアム」は、2012年度には4900億円以上の売上高を見込み、収益の源泉となっている。

「品質重視のPBを作れ」という鈴木の命を受けた開発チームには、セブンイレブンやヨーカ堂、ヨークベニマルなどの商品担当者（MD＝マーチャンダイザー）が名を連ねた。

セブンイレブンのMDは、徹底して品質にこだわった商品を提案してくる。ところが、スーパーの苛烈な値下げ競争にさらされているヨーカ堂のMDは、「過去の経験から、『こんなものは売れない』と決めつけてしまう」(セブンイレブン取締役商品本部長の鎌田靖)。だがふたを開けてみれば、高品質をうたったセブンプレミアムは大ヒットし、セブンイレブン独り勝ちの原動力となっている。2012年はビール4社すべてがセブン向けに独自商品やPBを投入し、業界関係者を驚かせた。主導したのはセブンイレブンのMDだ。

あるメーカーの担当者は舌を巻く。「セブンイレブンは開発の方針がぶれない。『必ず売る』と決めた時の勢いもすごい。他チェーンで限定商品を作っても店舗への導入率は3割程度の時がある。一方、セブンイレブンでは9割を超える導入率がずっと続く。その力は認めざるを得ない」。

鈴木は言う。「商品部も、『セブンイレブンはやっぱり違う』と納得するようになってきた」。業績のみならず、MDでもセブンイレブンの方が上だと認識させることが、鈴木が「大量出向」を断行するために必要な免罪符であり、心のよりどころだったのだろう。

鈴木はヨーカ堂再建の最終手段として、「血の入れ替え」に行き着いた。コンビニエンスストアの店舗に立たせることで、セブンイレブン流の変化対応力を体に染み込ませる。

そして、3年後には出向先からヨーカ堂にその血を「逆流」させていく。こうしてヨーカ堂が内側から変質していくことを狙っている。

大量出向と共に、ヨーカ堂にはもう1つの激変が起きようとしている。社員の穴を埋める「パートの戦力化」だ。これもセブンイレブンの極意を注入する作業となる。セブンイレブンの多くの店は、社員を配置せずに、パートやアルバイトで運営されている。社員が半減するヨーカ堂では、今後、大量にパート社員が増員される。一時的に人件費は膨らむが、入れ替えが終われば100億円程度の削減効果があるという。既に実験は始まっている。

## パートで巨大店を回す

2012年11月15日、東京都墨田区の「イトーヨーカドー曳舟店」。衣料売り場は平日とあってか、客は数えるほどしかいない。一方、目につくのは「実習生」の腕章を着けたパート社員だ。

この日、曳舟店は大幅にスタッフの陣容が変わった。社員は60人から27人へと一気に半分以下に減り、代わりにパート社員を252人から325人に3割も増やした。同じ頃、埼玉にある草加店も、社員が大量に去りパートに置き換わった。この2店舗がモデル店となって、「パート化」の実験が進められる。

鈴木は既に変革への布石を打っていた。2012年4月、セブンイレブンのトレーニング部総括マネジャーの泉井清志がヨーカ堂に出向した。セブンイレブンの教育部門トップがヨーカ堂に移るという前代未聞の人事だったが、これが最初の一手だった。

「基本をしっかり教えてほしい」。泉井は、鈴木からそう厳命された。「かつてのヨーカ堂は求人が追いつかず、十分な基本教育ができないままパートを売り場に立たせていた。まずはパート教育を徹底的に見直す」(泉井)。

今後、ヨーカ堂は「接客」を磨き上げていく。その基本方針をどう現場に落とし込んでいくか。「これほど一気に社員を抜くのは前例がない。パートのモチベーションを上げる努力をしないと不安定になる」。トレーナー部で衣料や住居部門を統括する田代和則は、危機感を持って足しげく曳舟と草加に通う。社員減でパートが不安を感じないようケアをしつつ、接客の重要性を説くのが目的だ。

少しずつだが、成果は見え始めている。婦人衣料の売上高のうち、草加店の接客を伴った販売の比率が26%から70%へと上昇した。「社員は異動していくが、パートは専門職として育成できる上に地域密着。パートの能力をきちんと査定して、実績に応じた時給に変えていきたい」(鈴木)。

今後はパートが店長や執行役員に昇進できる仕組みを導入するという。社員が大幅に抜けてパートの責任や負担は増すが、対価は用意する。この取り組みが進めば、社員とパートの間に緊張関係が生まれる。マネジメントのポストさえもパートに取って代わられる可能性があるからだ。

コンビニではオーナーと店舗経営相談員が、商品発注や運営を巡って対立する場面がある。その緊張関係が、セブンイレブンの競争力の源泉となってきた。

だが、構想への道のりは平坦ではない。パート歴10年以上のある従業員は、「担当外の青果売り場に週数回は配置され、明日からは応援で総菜部門ですしを握る。こんな状態で専門技能が身につくわけがない」とあきれ果てている。

鈴木が話すような待遇や報酬をパートに適用できるのか。社員やパートが不平等と感じない仕組みが構築できるのか。セブンイレブンが培った「持たざる経営」「緊張感のある経営」の導入には、まだ多くの難関が残っている。

## ヨーカ堂を苦しめる「一物一価」

「血の入れ替え」という人材のセブン化が進む一方で、「商品」の変革は一足先に進んでいる。「セブンプレミアム」をヨーカ堂でも積極的に販促して、収益力の回復を図るのが狙いだが、「商品のセブン化」は、現場にどのような影響をもたらすのか。

まずは、277ページのカップ麺とお茶の写真を見てほしい。パッケージが酷似した2種類の商品はどちらもセブンプレミアムのロゴがついている。カップ麺のメーカーは共にサンヨー食品。食べ比べてみると、具の量が若干違う印象はあるが、味はほぼ変わらない。

ところが、この2つには決定的な違いがある。価格だ。セブンのカップ麺が118円、飲料が98円なのに対して、ヨーカ堂ではどちらも20円ずつ安い。鈴木は「コンビニ、スーパー、百貨店ですべて同じ価格、同じものを売る」と宣言しておきながら、なぜ〝一物二価〟なのか。そこに、ヨーカ堂がセブンプレミアムを扱う難しさがある。

2012年11月27日、セブンイレブンはサッポロビールと組んで、国産ビール初のPB商品を発売した。「セブンプレミアム 100%モルト」は全店一律で1本198円（350mℓ）で販売されており、コンビニで売られる215円の「スーパードライ」（アサヒビール)に比べて価格訴求力は高い。

だがヨーカ堂では様相が一変する。例えば2012年11月30日の木場店(東京都江東区)。6缶パックの価格はスーパードライが1078円なのに対して、100%モルトは1098円。「NB(ナショナルブランド)のナンバーワン商品よりPBの方が高い」という価格の逆転現象が起きていた。

その理由は明白だ。例えばイオンのPB「トップバリュ」は、イオンやマックスバリュなどスーパーが販路の中心。西友の新PB「みなさまのお墨付き」も基本的に西友での扱いとなる。

ところがセブンプレミアムの販路の約7割は、コンビニのセブンイレブンだ。価格設定の基準は必然的に「コンビニ価格」に近づき、ヨーカ堂に持ち込んでも価格訴求力が弱い。そこで鈴木が例外的に一物二価を認めたのがカップ麺と飲料だった。しかし、ほかのPBは特例措置が取られていない。

そのカップ麺や飲料ですら、他チェーンに比べるとまだ割高感がつきまとう。ヨーカ堂のカップ麺は98円だが、イオンのトップバリュは88円、西友のPBに至っては85円だ。質はともかく価格競争の点においては、セブンプレミアムがヨーカ堂の武器になっていると

セブンイレブンとイトーヨーカ堂に並ぶPB

は言い難い。

価格より価値へ。ＰＢの成功で自信を深めた鈴木が「今後強化して、品目数も増やす」と宣言するのが、セブンプレミアムのさらなる高付加価値商品「セブンゴールド」だ。現状はハンバーグやカレーなど11品目にとどまるが、２０１５年度までに約３００品目まで拡大する方針。この鈴木肝煎りのゴールドが、皮肉にもさらにヨーカ堂を苦しめることになる。

## セブンゴールドの〝闇価格〟

２０１２年11月、都内のあるヨーカドーの売り場では、１個２５８円のセブンゴールド「金のハンバーグステーキ」が、値引きのシールを貼られて大量に売られていた。値引きして売れるのなら、まだいい。「先日は348円の『金のビーフカレー』がバックヤードに200個も山積みにされて、100円で社員やパートに投げ売りされていた」とあるパート社員は明かす。

ゴールドの登場で、ますます高価格帯に振れていくPB。高い粗利を確保しながら差別化を図れる商品として、セブンイレブンでは強力な武器になる。だが価格勝負のスーパーでは、ますます顧客ニーズと乖離していく。開発チームでヨーカ堂MDが言った「こんなものは売れない」という言葉は、ある意味正鵠を射ていたのだ。

ヨーカ堂でセブンプレミアムが武器にならない以上、ヨーカ堂側は独自の戦略を模索するしかない。

2012年12月1日、これまで「価格より価値」に軸足を置き、かたくなに低価格競争に乗ってこなかったヨーカ堂が、ついに「食品・日用品1000品目の一斉値下げ」を断行した。イオンや西友はその半年前、同じような1000品目単位の値下げを行っているだけに、後手に回った感は否めない。この値下げによって、セブンプレミアムの価格を下回るNB商品が相次いだ。PBを売りたいのか、NBを売りたいのか、それとも粗利さえ

## 頼みの食品も頭打ちに

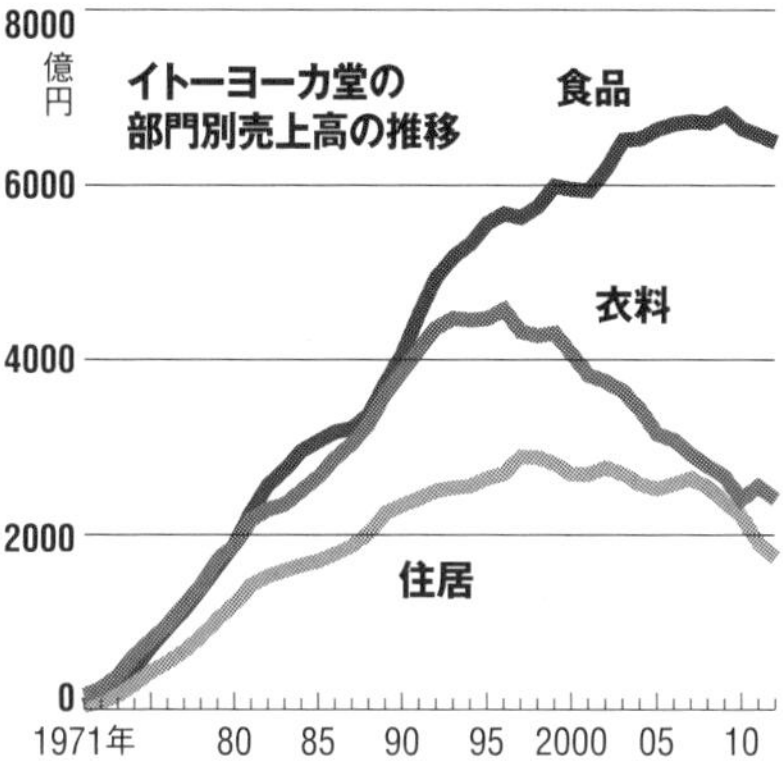


取れれば何でもいいのか、方向性がますます見えなくなっている。

１００％モルトの発売から１カ月もたたない２０１２年12月17日、ヨーカ堂は１本１５８円のグループ限定ビール「ザ・ベルギービール」を発売した。１００％モルトより40円も安く、「動きはいい」と現場のパート社員は喜ぶ。だが裏を返せば、「もうセブンプレミアムには頼れない」という売り場の本音も透けて見える。

衣料や住居部門が低迷する中で、業績に貢献してきた唯一の部門が食品だった。ところが、頼みの綱だった食品の成長も２００９年をピークに止まり、売り上げは下降曲線に転じている。

安易な値下げによる競合との消耗戦が、自社の益にならないことは明らかだ。セブンプレミアムに込められた鈴木の「質重視」という方針は、中長期的に見ればヨーカ堂が進むべき一つの道を指し示しているのかもしれない。だが、セブンイレブンの成功事例をそのままヨーカ堂に持ち込むだけでは、変革の最終目標には達しない。

鈴木はそんな現実も、既に感じ取っているに違いない。

「ヨーカ堂にもセブンイレブンにも私は同じことを言ってきた。変化に対応せよ、自己否定からスタートせよと。でも片方（セブンイレブン）には浸透するのに、片方（ヨーカ堂）にはしない」

では、セブンイレブンが今の独り勝ちの状況を築いた「自己否定」は、いつ、どのように実現したのか。時計の針を戻すと、意外な事実が見えてくる。

## ビジネスモデルの危機

2009年まで、セブンイレブンは暗黒の中を彷徨っていた。「存亡の危機」とまで囁かれた崖っぷちから、いかにして「独り勝ち」へと蘇ったのか。復活劇をひも解くと、カリスマ・鈴木敏文の巨像に隠れて見えにくかった、経営陣の存在が浮かび上がる。

「失われた10年」。セブン－イレブン社内でそう囁かれている時期がある。おおよそ2000～2009年を指し、2009年のタスポ導入による〝たばこ特需〟を除き、ほぼ10年連続で既存店売上高の前年割れが続いた。当時は「コンビニ飽和論」すら噴出し、セブン－イレブンのオーナーは売り上げの減少に悩まされていた。

2009年、ついにオーナーの不満が爆発する。弁当などの値引き販売を本部が不当に制限したとして、一部のオーナーが結束して反旗を翻した。2009年6月にセブンは公正取引委員会から排除措置命令を受ける「敗北」を喫する。

その1カ月前の2009年5月、鈴木はセブン－イレブンのトップ交代に踏み切っている。セブン初の生え抜き社長として、当時51歳だった井阪隆一を抜擢した。

なぜ井阪がこのタイミングでトップに推挙されたのか、詳細な理由は明らかにされていない。商品部に長く在籍した井阪は、店舗オーナーと接する機会が少なかった。本部とオーナーの間に深い亀裂が入った状況で、あえて関係が薄かった人材を充てるという、鈴木の深謀があったのかもしれない。

「ビジネスモデルの危機だった」。井阪は当時の窮状をそう振り返る。

オーナーが反発を強めた真因は、値引き販売の制限という表面的な問題にとどまらない。「なぜ、値引きをしなければならなかったのか」。その原因を突き詰めれば答えは明らかだ。「失われた10年」の間、セブンイレブンの商品は魅力を失っていたのだ。

ある食品メーカー社長は、当時を振り返る。「コンビニを利用する中心層の年齢が上がっていた。それなのに我々メーカーもセブンも、20代向けの商品を作り続けていた」。ターゲットの微妙なズレが年々拡大し、客離れが進み、商品が売れ残る。廃棄を恐れるオーナーは、発注が慎重になる。すると、売り場の品揃えが薄くなり、店の魅力が下がる。その結果、ますます商品が売れない。10年の間、こうした悪循環が徐々に進行し、臨界点に達した。

どうすれば窮状を脱することができるのか、井阪は経営陣と議論を重ねる。「もはや、コンビニという業態が生死の瀬戸際に追い詰められている」。存在意義から再定義するしかなかった。

「近くて便利」。原点回帰した極めてシンプルなスローガンは、その中で生まれた。誰にとっても「近くて便利」な店舗とはどうあるべきか。高齢者や主婦といった、それまで縁

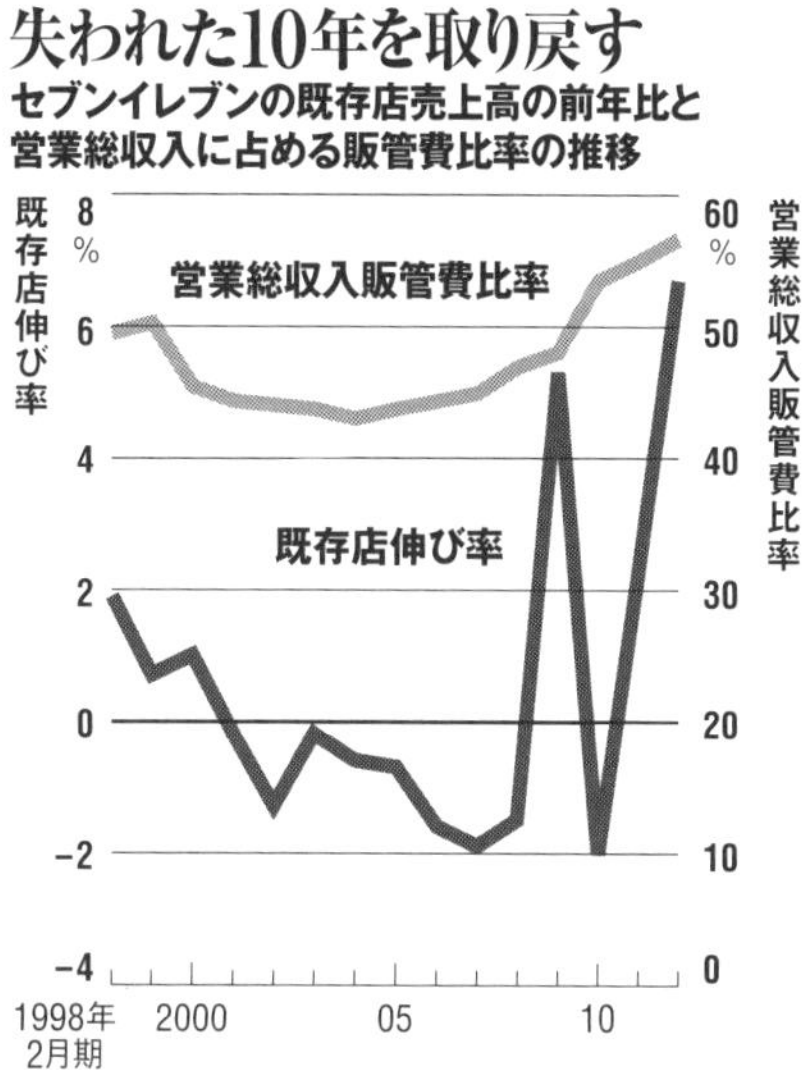

セブンイレブンの井阪隆一社長は社長就任後、1カ月で排除命令の記者会見に臨んだ

が薄かった客層こそ「利便性」が重要だと気づく。ならば、そうした人々に魅力がある店作りを目指そう、と。

着目したのは総菜やサラダといった日配品だった。店舗側の廃棄ロスの不安を和らげるために、賞味期限の長い「パウチ総菜」を導入した。こうして生まれた商品の1つ、セブンプレミアムのポテトサラダは、累計5000万個を販売する看板商品に成長している。

オーナーに蓄積した不満を和らげるため、既存店のテコ入れにも乗り出した。「それまでは、投資と言えば新店ばかりに目が向いていた。そこで、既存店にも資源を振り向けるように修正していった」（井阪）。

商品廃棄の際にオーナーが全額負担する制度を、本部がコストの15％を補塡するように変更。さらに新たな什器を次々に導入し、積極的に既存店を刷新していく。

「井阪さんがトップになってから、『本部もこれだけ負担するので、発注を多めにしてほしい』という協調路線に変わった」（店舗オーナー）

既存店へのテコ入れ策を続けたことで、営業総収入における販管費比率は3年で8・6ポイントも上昇した。「使いすぎ」という批判も受けるが、実績が伴う。巨額投資がオーナーとの信頼関係を改善し、販売も好転した。ライバルは、慌てて既存店投資に乗り出している。この新たな競争軸に業界を巻き込んだことで、規模に勝るセブンイレブンは常に優位に立てる。

２０１３年7月11日、いわゆる「セブンイレブンの日」に向けた40周年記念祝賀会の準備が、社内では粛々と進められている。

折しも２０１３年は「国内１万５０００店、世界5万店」の達成が間近に迫る。鈴木が苦難の末に築き上げ、「世界最強コンビニ」の名声を確立したセブンイレブン。

その偉業を盛大に祝う舞台が整いつつある中で、鈴木の次を担う巨大グループトップの姿は、いまだ見えてこない。ヨーカ堂を築き上げた伊藤雅俊は、68歳にして鈴木にトップの座を譲り、今回のヨーカ堂の「血を入れ替える」大手術でも沈黙を保ったままだ。

＝文中敬称略

（日経ビジネス２０１３年1月14日号の企業研究セブン＆アイ・ホールディングス『『鈴木帝国』の覚悟」を再編集しました。社名、役職名は当時のものです。）

# 4節 築き上げた「鉄の支配力」

圧倒的な販売力と商品開発力でコンビニエンスストア業界のトップに君臨するセブンイレブン。その強さをテコに、セブン&アイ・ホールディングスは、2013年頃から新たな取り組みに着手し始めた。「オムニチャネル戦略」だ。2014年6月に日経ビジネスで掲載した特集では、会長だった鈴木敏文が、オムニにかける覚悟を語った。セブンの快進撃はどこまで続くのか。鈴木はオムニ戦略でセブン&アイをどう変えようとしたのか。

「セブンイレブン様のご指導を受けながら、共に成長していきたい」

日本ハム社長の竹添昇の挨拶は、そうした言葉から始まった。2014年6月6日、兵庫県小野市。この日、竣工を迎えたグループ96番目の工場は、同社として初めてとなる、特定の小売企業向けの専用工場だ。供給する相手はコンビニエンスストア最大手のセブン-イレブン・ジャパンである。

## セブンイレブンの主な商品の年間販売量（2013年度）

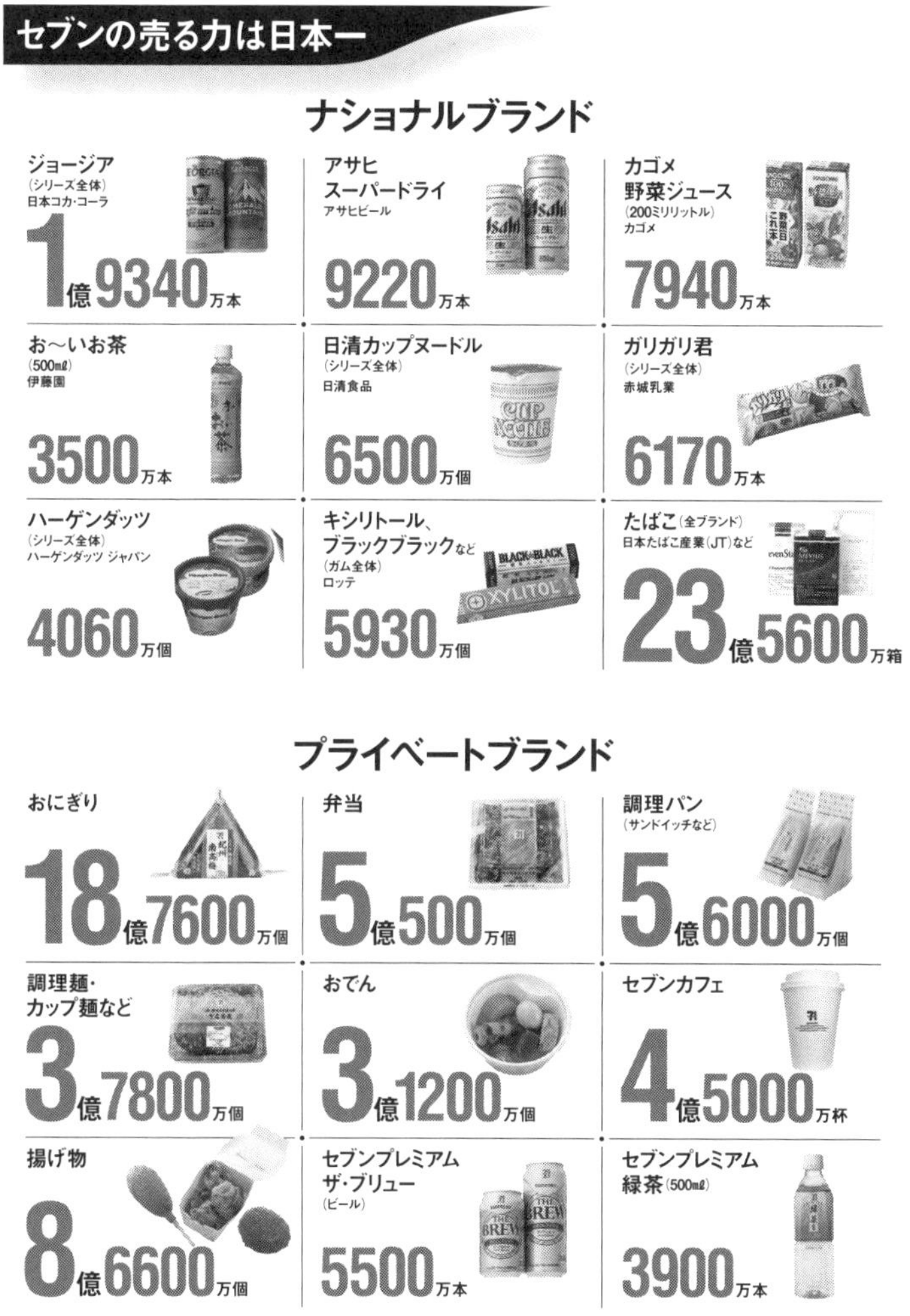


注：2013年度の実績。プライベートブランドは独自企画の総菜などを含む

セブンの店舗で販売する調理パンや軽食、総菜など、1日に8万食分を生産する。2015年4月には、三重県桑名市にもセブン専用工場を完成させ、投資額は合計で約85億円。セブンの出資はなく、全額を日本ハムが担う。

セブン以外に製品を提供できないというリスクはある。それでも竹添は、「リスクのないところにリターンはない。（セブンの業績悪化などで）将来的に売り上げが減るかもしれないことを考えるより、売り上げをまず増やすことを考えたい」と決意を見せた。

業界2位の伊藤ハムや3位のプリマハムは、既にセブン向けの専用工場を持っている。業界最大手の日本ハムと比べるとブランド力が劣る両社は共にセブンの販売力に目を付け、総菜などの生産を請け負ってきた。

日本ハムもセブン向けのPB（プライベートブランド）の生産には参入していた。だが、専用工場の建設にまでは踏み込んでいなかった。

その一線を、ついに越えた。それは、膨大な販売量を背景としたセブンのメーカーに対する支配力が、業界最大手をのみ込むほど強大化したことを意味する。

287ページの図を見てほしい。セブンが販売する主な商品の2013年度の販売数量だ。日本コカ・コーラの缶コーヒー「ジョージア」が1億9340万本。アサヒビールの

「アサヒスーパードライ」が9220万本。ロッテのガムが5930万個。

メーカーの中には、セブンへの依存度に関して口を閉ざすところが多い。だが、日経ビジネスの取材によると、単一の小売りチェーンとしてセブンの販売量が日本一と見られる商品は数多い。

こうした、メーカーが全国規模で販売するNB（ナショナルブランド）商品に加え、セブンがメーカーに生産委託する総菜などを含むPBでも販売力には目を見張るものがある。おにぎりは18億7600万個、弁当は5億5000万個にも達する。さらにPBの販売量がNBを上回る商品も目立つ。お茶のペットボトル飲料では、伊藤園の「お〜いお茶」（500㎖）が3500万本であるのに対し、セブンのPB「セブンプレミアム 緑茶」は3900万本だ。

NBもPBも、セブンの棚に商品が入ることは、多くの場合、単一チェーンとして日本最大の商圏へのアクセス権を手に入れることを意味する。その半面、棚から弾き出されれば、経営を揺さぶる事態にもなりかねない。

この影響力を背景に、セブンはメーカーに厳しい要求を突き付ける。この力関係を象徴する事例は枚挙に暇がない。その一つが数多くのNB商品がシェアを競うキャンディーだ。

## 「非常識」な開発を要求

2014年1月、食品メーカーのアサヒフードアンドヘルスケアに、セブンの商品開発担当者から異例の要請が舞い込んだ。「袋詰めキャンディーのパッケージの幅を11cmに変更してほしい」。

これまで、袋詰めキャンディーは100g入りで、パッケージの幅は15cmというのが業界標準だった。それを、セブンの棚の大きさに合わせて、幅11cm、内容量50gのセブン専用商品を開発してほしいというのだ。

セブンには、単身者が多いコンビニの顧客には少容量の方が売れるという目算があった。だが、メーカー側にとっては青天の霹靂《へきれき》。パッケージサイズを変更するには、包材から生産設備までを見直す必要がある。それはコストアップ要因となり、そもそものような発想すら持っていなかった。

しかも、価格はグラム当たりで従来商品の1・2倍以内に抑えるという条件も付いた。さらに、発売日は2014年4月28日。開発期間は通常の半分しかない。

アサヒフードアンドヘルスケアの食品事業本部プロデューサーの大西勲は、「当初は無理だと思った。でもセブンさんとの取り組みに『ノー』という選択肢はなかった」と話す。同社にとって、セブンは袋キャンディーやタブレット菓子「ミンティア」の最大販路。2013年9月には、ミンティアのカテキンミント味をセブンで先行発売し、2013年末までに、販売数が200万個を超える大ヒットとなった。経営陣から現場まで、セブンの販売力の巨大さを実感せざるを得なかった。

結局、開発には同社のほか、包材メーカーや包装機械メーカーも巻き込んだ総力戦で挑んだ。「テストをする時間もない」（大西）という状況の中、発売日ギリギリのタイミングで、何とか生産にこぎ着けたという。

## NBメーカーに「部品」を作らせる

セブンは開発の主導権をメーカーから奪うだけではなく、一部の商品では、NBメーカーの開発・生産機能を〝分解〟して使い始めた。NBメーカーにPBの「完成品」ではなく、商品に必要な「部品」だけを作らせるのだ。

その実態は、カップ麺で見ると分かりやすい。代表例は、首都圏で販売する千葉県の有名店の味を再現した「中華蕎麦 とみ田」（296円）である。

「今回の商品では御社がスープやかやく（具材）を準備する必要はありません。麺だけをお願いできますか」

2年余り前、セブン側から明星食品の担当者に衝撃的な言葉が告げられた。セブンが自らスープとかやくを生産するメーカーを発掘するので、麺以外は必要ないというのだ。

明星食品にとって、これは屈辱だったに違いない。通常、即席麺メーカーは、スープ、麺、かやくをそれぞれの相性も考えて開発し、「完成品」をPBとして供給する。だがセブンは、同社が高く評価する麺だけを「部品」として提供するよう明星食品に迫った。

同社の代わりにスープを製造することになったのは、調味料メーカーのアリアケジャパン。アリアケには「どんなスープでも科学的に分析して、3～5日で再現できる」（同社取締役の内田芳一）とする強みがある。そして、かやくを担当したのは、セブン＆アイ・ホールディングス傘下のアイワイフーズだ。

「メーカーさんには得手・不得手がある。だが、当社が良いものだけを協力工場から集めて組み合わせれば、NBメーカー以上の味と質の商品を手頃な価格で提供できる」。セブン-イレブン・ジャパンの商品開発担当で常務執行役員の鎌田靖は、その狙いを事もなげ

セブン&アイのPB「中華蕎麦 とみ田」

メーカーは「部品供給者」に

に説明する。

## セブンこそ技術革新の牽引役

セブンのカップ麺売り場を見ると、今や半分に迫る棚をPBが占める店舗が目立つ。もはやNBメーカーは、セブンのPB商品の開発にも協力しないと、棚を確保することもままならない。明星食品がセブンの要求に応えたのは、この状況と無関係ではないだろう。

それは最大手の日清食品も例外ではない。セブンの棚に並ぶカップ麺の中で、最高級品は今やNBではなくPBだ。その商品を供給しているのが、ほかでもない日清食品である。

日清食品はカップ麺市場の先駆者であり、高級カップ麺「ラ王」を看板商品として持つ。それでも、ラ王と競合するセブンのPB「セブンゴールド」の開発・製造も請け負っている。同シリーズの「すみれ 札幌濃厚味噌」などの価格は278円。その値段は、ラ王を実に約3割も上回る。その価格差は、日清食品が持つ先端的な技術やノウハウを、セブンのPBが、ラ王以上に使っていることを示唆する。

なぜ、日清はセブンに先端技術を提供するのか。そこには、NBメーカーが直面する悩ましい現実がある。

めまぐるしく変わる消費者の嗜好に応えるには、不断の技術革新が欠かせない。しかし、高コストの先端技術を採用すると商品価格は上昇し、売れないリスクも高まる。

そのリスクをセブンが軽減している。セブンはPB商品を全量買い取るため、メーカーとしては、リスクを最小限に抑えながらコストのかかる技術革新にも挑むことができる。

日清食品ホールディングス社長の安藤宏基は、「先端的な技術を（セブンのPBに）提供することに関しては、社内に様々な反対があった。だが、（セブン&アイの）鈴木会長の『価値あるものを作ってほしい』という情熱には応えざるを得ない。NBの開発チームにも刺激になると考えて決断した」と打ち明ける。

ここまで見てきたいくつかの事例が示すのは、セブンがモノ作りにおける技術革新の牽引役として、非常に大きな役割を担い始めているという事実だ。今や、NBはセブンの棚の上で、PBと対等に商品力を比較される。セブン&アイ会長の鈴木敏文は、「どんな一流のNBメーカーでも、PBなんて作らないとは言っていられなくなる」と話す。

商品を全国的にヒットさせる条件は、もはやメーカーのブランド力ではなく、セブンの販売力だと言えるかもしれない。それはNBメーカーには脅威だろう。しかし、「技術力でNBメーカーをしのぐ」と自負するPBメーカーにとっては、大きなチャンスになる。

「全方位外交でやってきたNBメーカーは、ようやくセブンの販売力を無視できないと気が付いた。一方、我々は1998年からセブンに特化しており、既に徹底的に鍛えられている」

そう語るのはPBメーカー、わらべや日洋社長の妹川英俊だ。同社は、セブンのおにぎりや弁当の約3割を開発・生産している。

年間1000アイテムを開発しても、セブンに採用されるのはその約半数という厳しい環境で成長してきた。現在、国内に26工場を構え、2014年2月期の売上高は1860

億円。その7割がセブン向けだ。

わらべや日洋も、冒頭の日本ハムのセブン専用工場稼働とほぼ同時期に、埼玉県に専用工場を新たに立ち上げている。その投資額は従来の工場の約2倍となる26億円。

だが、セブンのために工場を作っても、商品を買い取ってもらえる保証はない。セブン常務の鎌田は、「メーカーには〝指定席〟を与えない」と強調する。たとえメーカーがセブンの専用工場を作ろうとも、商品を採用するかどうかは、個々の商品の品質とコスト次第という意味だ。

そのような状況でも大胆な投資ができる理由として、わらべや日洋社長の妹川は、自社の開発力に加えて、「セブンの年間の出店方針がぶれることはない」ことを挙げる。2013年、セブンは1500店の計画を上回る1579店を出店した。そして2014年は1万6000を超える国内総店舗数の1割に迫る出店を進めている。

セブンが年間1600店を出店すると、わらべや日洋の売上高は約7%伸びる。計算上はほぼ毎年、新工場を建てる必要がある。それでも、「店舗数の増加と共に確実に我が社の売り上げも伸びるから、再投資の計画を立てやすい」(妹川)。

## 加速する「ドミナント戦略」

逆に言えば、セブンの出店速度が鈍れば、メーカーの売り上げの伸びは失速し、新技術や生産規模の拡充に再投資できる資金は減る。つまり、持続的な出店こそが、セブンの事業拡大の牽引役であり、メーカーに対する支配力の源泉になっているとも言える。だからだろう。出店の最前線では怒濤の店舗開発が展開されている。

2014年2月28日、東京都北区にあるJR田端駅の近くにまた1つ、セブンイレブンの店舗が開業した。店名は「北区田端駅東店」。一見すると、何の変哲もない店だが、この店にはほかの店舗にも増して際立つ、ある特徴がある。

同店から、歩いて十数秒。直線距離にすれば20mもない。それほど近くに、もう1店、同じセブンの店舗「北区東田端1丁目店」が既に営業しているのだ。

2店の間には大きな道路など人の流れを遮る構造物はなく、両店は完全な競合関係にある。そして、驚くべきことに、この2店を経営しているのは、同じオーナー一家だ。

コンビニチェーンが既存店のすぐ隣に新店を設けることはある。建物の老朽化に伴い、駐車場など隣接する土地で店舗を建て替える場合などがそうだ。だが田端の店舗は明らかに状況が違う。

この店の出店経緯については、セブン本部もオーナー一家も、かたくなに口を閉ざす。ただ、事情を知る複数の近隣商店主らの証言によると、当該物件にライバルのコンビニチェーンが出店することを危惧した本部が、1丁目店のオーナーに2店目の出店を打診し、開業に至ったようだ。「本部は、『もし断れば別の経営者を探す』という姿勢だった」（関係者）とされる。

ある地域の店舗網の密度を上げることで配送効率や地域シェアを高めるのが、チェーンストアのいわゆる「ドミナント戦略」である。この戦略を進めれば、同じチェーンの店舗同士が競合し、各店舗の商圏は狭まる。軋轢《あつれき》を気にせず、理想的な店舗配置を実現する原理主義を徹底するのが「セブン流」だ。セブン社長の井阪隆一は、「出店余地がなくなることは絶対にない」と言い切り、今後も大量出店を続ける決意を示す。

「セブンは今、ライバルを潰しにかかっている」。ある有力証券アナリストは、セブンがドミナント戦略を加速する狙いを、そう分析する。２０１３年度、業界2位のローソンは８７０店、3位のファミリーマートは１５００店の出店を計画していたが、結果的には未達。両社の店舗数は国内でそれぞれ１万１０００店前後とセブンに大きく水をあけられているが、その差はさらに広がっている。

## 有無を言わせぬ販売実績

セブンの店舗開発関係者は、出店候補地を絞る際に、まず「セブンの店舗が書き込まれていない地図を見る」と打ち明ける。

人の流れや競合店の位置などから、最も理想的な立地を選定。その近くにセブンの既存店があっても原則的には新店の開設を優先し、既存店についてはほかの場所に移転するなどの方法で全体最適を追求する。

影響を受ける既存店のオーナーにとってはつらい話だろう。だが、そうすることこそが、チェーン全体とオーナーの売り上げを最大化すると信じるセブンは、その手を緩めない。

2014年2月期のセブンの既存店売上高は、前の期比2・3％増えた。これに対してローソンは同0・6％減（連結ベース）、ファミマは同0・4％減だった。

各店舗の販売力もセブンは抜きんでている。1店舗の1日当たりの平均販売額を比べると、セブンは66万4000円だが、ローソンは54万2000円、ファミマは52万1000

円である(いずれも2013年度の実績)。

既存店の販売実績がライバルを圧倒する状態は、セブン流の出店手法を正当化する。有無を言わさぬ数字を前に、多くのオーナーは不満があってもそれをのみ込み、本部に従う道を選ぶようだ。

あるオーナーは諦め顔でこう話す。「セブンの店を出してよかったとは思っている。でも、自分が本部の方針に従うばかりの人間になるとは思っていなかった」。

相手を否応なく屈服させるセブンの支配力は、加盟店からメーカーにまで及んでいる。その強さゆえに、ある食品メーカーの開発担当者は「恐ろしささえ感じる」と打ち明ける。だが、セブンがもたらす「売り上げ拡大」という誘惑に、加盟店もメーカーも、その多くはもはや抗うことができない。

では、その強烈な「売り上げを作る力」は、一体どのようにして生み出されているのか。

## 20分で全売り場から撤去

「このラーメン、しょっぱくないか」

### コンビニ大手3社の国内店舗数の推移

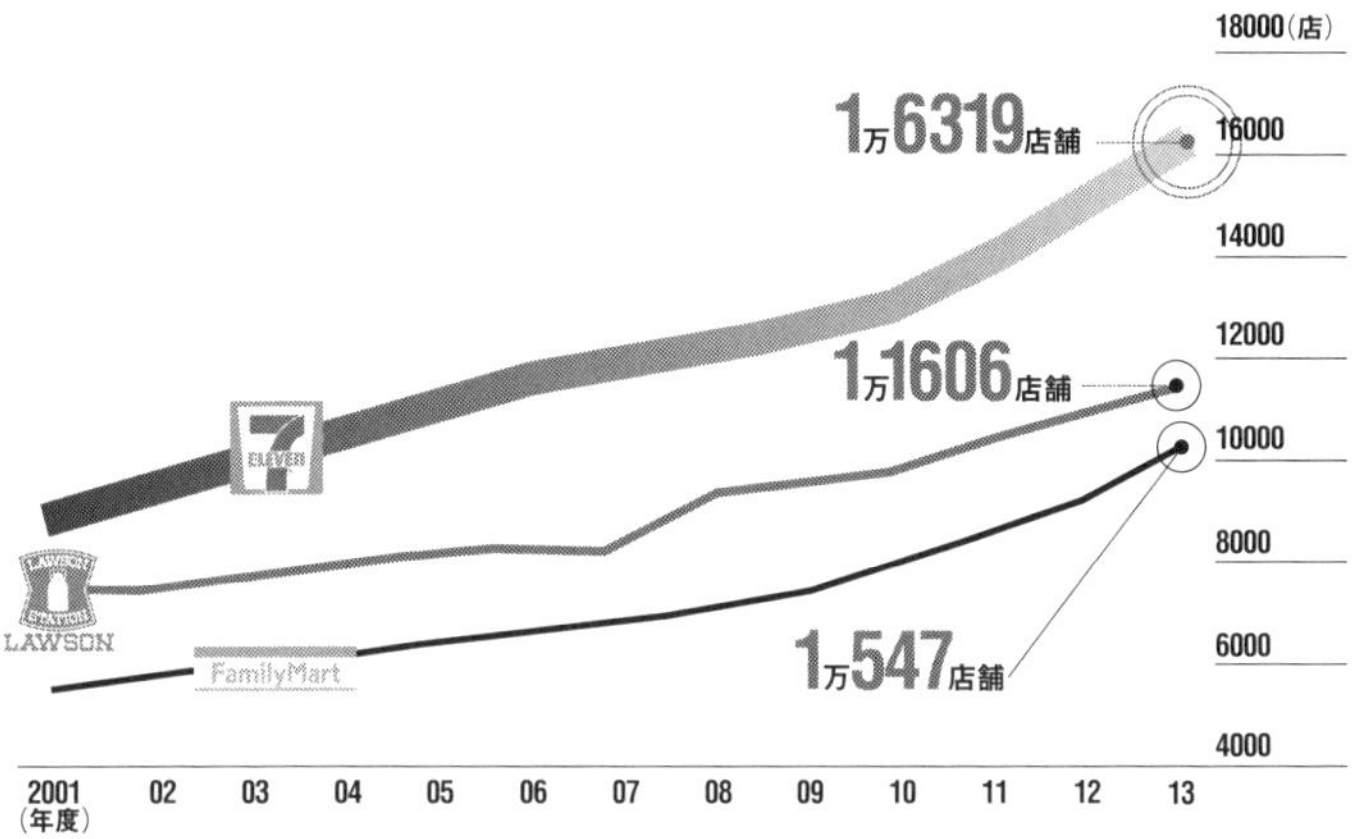


２０１３年６月下旬、東京都千代田区にあるセブン＆アイの本社で開かれた、高級ＰＢ「セブンゴールド」の袋入り即席麺「金の麺塩味」の役員試食会。会長の鈴木の思いがけない発言に、場の空気は凍り付いた。

ほかの役員も慌てて試食して味を確かめる。「本当においしいと思うのか」と鈴木が問いかけると、「ちょっとこれは」という意見が出てきた。関係者によると、この商品は塩ラーメンで非常に有名な専門店の味をまねて開発した個性が強い「とんがった味」。事前の調査ではおいしいとの声も多かったが、万人受けする味ではなかった。

「10人中８人がおいしいという商品では、セブンゴールドとして失格だ。10人中10人が声を揃えておいしいという商品でないといけない。発売は取りやめる」。トップの最終判断が下された。

販売中止が決まったのは発売当日。本来なら手遅れのはずだ。実際、全国の店舗の中には、一瞬商品が並んだ店舗もあったが、幹部が手分けして関係者に電話で指示し、20分ですべてを撤去させたという。

メーカーに製造委託するPBなので、セブン&アイがすべてを買い取った。6000万円の損失が発生することになったが、鈴木の鶴の一声で廃棄が決まった。

「塩事件」と関係者の間で呼ばれるラーメンの発売延期は「しょっぱい思い出」（セブンイレブン幹部）だが、トップによる〝ちゃぶ台返し〟は社内では特段珍しいことではない。同じ高級PBの「金のビーフシチュー」も、同様の理由で発売を中止したことがある。

一般的な小売企業なら商品を売り切ってから販売終了にしそうなものだが、鈴木はそれを許さない。少しでも納得できない商品を売るのは、「セブン」ブランドに対する消費者の信頼を裏切る行為だと考えているからだ。

鈴木は「顧客の立場で考える」という常々口にする経営哲学を、単なるお題目にしない。現場がどれだけ大変になっても気にせず、「顧客原理主義」を貫く。

セブンイレブンはＰＯＳ（販売時点情報管理）システムに代表されるデータを活用した仮説・検証を重視する経営で知られている。商品開発では、ブランド名を隠した消費者テストで多数の競合商品より高い評価を得られなければ商品化しない。顧客参加型の「コミュニティーサイト」も運営し、試食やアンケートの結果に基づき、商品を改善する。

狭き門をくぐり抜けた商品だけが日の目を見るわけだが、セブンイレブンには最後の関門が存在する。それが鈴木なのだ。「（会長は）常に無限の可能性を追いかけている。過去を躊躇《ちゅうちょ》なく否定し、何でも中途半端にしないで〝絶対〟を追求する」。グループのＰＢ戦略を担当する傘下のスーパー、ヨークベニマル社長の大髙善興は指摘する。

グループの総帥の意思を、幹部、末端の社員、さらにフランチャイズ店舗のオーナーにまで浸透させ、徹底的に実行させる。それこそがセブンイレブンの強さの真骨頂だ。

## 販売機会の損失が一番怖い

２０１４年５月27日の朝10時、セブン＆アイの本社１階の会議室は、各地から集まってきた社員で埋め尽くされていた。40分ほど遅れて、会場後方のドアから鈴木が登場して、壇上に立った。

「エルニーニョが懸念されている。君たち、分かっているとは思うけど、冷夏になると、オーナーさんは売れ残り商品を廃棄して損失が出るのを恐れて、商品の発注を控える。そうなると販売機会の損失が起きる。（本部の収入が減るので）これが一番怖い。オーナーさんと徹底的に話し合って、今から機会損失を出さないように準備をしなさい」。鈴木はこう語りかけた。

これは、2週間に1回開かれる「FC（フィールド・カウンセラー）会議」の風景だ。全国各地でコンビニ店舗のオーナーに経営を指導するセブンイレブンの社員らが、約3000人も一堂に会する。この数はセブンイレブンの全社員の半数近くに当たる。この会議こそが、「鉄の結束」を実現する上意下達を徹底する仕組みの要となる。

参加した社員たちは皆、会長の言葉を聞き漏らすまいと、熱心にメモを取る。セブンイレブン1号店の開店から40年を迎えた今も、鈴木は欠かさず会議に参加し、集まった社員に直接語りかける。全国に散らばる社員を、隔週で集めるためのコストは年間30億円にもなるが、意に介さない。

「今の時代はネット配信すればいいという声もあるが、ダイレクト・コミュニケーション

2週に1度、全国から社員が集まり鈴木敏文氏の言葉に必死に耳を傾ける

は絶対に必要だ。これからも、ずっと続ける。壇上に立って、みんなの表情を見ていると、理解しているか、そうでないかがすぐに分かる。これが大事だ」。80歳を超えた今でも、FC会議に参加し続ける理由を、鈴木はこう説明する。

2014年3月1日に、セブンイレブンが初進出した愛媛県。最前線である松山市のディストリクト・マネジャー（DM）である花山徹も2週間に1回は、本社に出張してFC会議に出席する。

「毎回聞く会長の言葉が一番大切だ。それこそが会社の方針だからだ。我々の役割は、それを一つひとつの店舗に届けて着実に具現化させることにある」。花山はこう話す。

例えば、高級PB「セブンゴールド」の販売。レトルトで498円の「金の牛タンシチュー」などの商品は、平均所得が低い地方では簡単に売れないと考えるのが自然だ。「普通なら無理だと思うことでも、疑問を差し挟む人は社内にまずいない。会長の言葉をまず信じてやってみる。実際、店舗に試食コーナーを設けたりすることを3カ月間地道に続けたところ、単価の高いセブンゴールドが本当に売れるようになった」(花山)

会長の言葉を直接聞いた社員は、「できる」と信じて本部の方針を全国のオーナーに伝える。そしてオーナーは、きちんと店頭で実行する。

## 全部信じて言われた通りにする

セブンイレブンと取引がある食品メーカーの担当者は、「ほかのコンビニと比べると徹底度が全く違う。当社のある商品を推奨することが決まった場合、セブンでは95%の店舗に入る。ほかの大手チェーンよりも常に10ポイント以上高い」と証言する。

フランチャイズ契約した加盟店オーナーは独立した事業主で、商品の発注権限はオーナーにある。にもかかわらず、こうした「導入率」の差が生じるのは、ひとえにセブンの徹底力ゆえだ。

2014年3月、松山市内にセブンイレブン店舗をオープンさせた黒光由美は、20年以上ローソンの店舗オーナーを務めた経験を持つ。「一番の違いはセブンの社員の指導力。全部信じて、細かなことまで言われた通りにすると、必ず結果につながる」と黒光は言う。

2014年5月中旬、社員のアドバイスを受けて、セブンプレミアムの「乱切りさしみこんにゃく」を1日当たり50個発注したところ、想定をはるかに上回るヒットになったと黒光は笑顔を見せる。

もちろん鈴木の言葉を、まるで「天の声」であるかのように信じる企業文化に、違和感を覚える人もいる。

「鈴木会長を神のように祭り上げている。社員がロボットのようにトップに言われたことを（加盟店に）実行させせようとする雰囲気は異様だ」。金融機関出身のセブンイレブンの店舗オーナーは、こう打ち明ける。それでも本部の言うことを素直に信じて実行した方が、売り上げ増につながるケースが多い。だから多くのオーナーは反発せずに店舗を経営しているという。

## 絶対者の存在を幹部は利用

絶対者の存在が有利に働くのは、何も商品の販売に限ったことではない。セブン&アイの経営幹部にとっても、好都合になることが多い。鈴木を神輿に乗せてかついだ方が、社内を1つの方向にまとめやすいからだ。

「私が1000回言うよりも、会長が1回言った方がはるかに社内に浸透する」。あるセブン&アイの事業部門トップは、こう本音を吐露する。こうした環境を踏まえて、社内に浸透させたい重要なことは、まず鈴木に話をして、その口から伝えてもらうという経営幹部も少なくない。

セブンの過去の重要な決断やヒット商品の発案は、その多くは、鈴木が自ら実現させたとされる。

「『近くて便利』のキャッチフレーズ」「金の食パン」「銀行業」……。多くは真実だろうが、「実際にはほかの発案者や立役者がいるケースも少なからずある」と関係者は明かす。

だが多くの経営幹部はこうした状況を黙認する。それどころか「それがこの会社を動かすには一番いいことなんです」とまで言う。

鈴木はメディアに頻繁に登場し、社外にも大きな発信力がある。社内外の目を、自らが信じる未来や目的に向けさせる強力な「カリスマ」としての役割を果たしている。

同社グループは類いまれな指導力を持つトップを冠して続けてきた。良くも悪くも、それを前提とした組織であることは間違いない。だからこそ、世代交代のリスクは誰もが懸念する。鈴木の神通力が色あせぬうちに、次世代に向けた盤石の経営体制を作る必要がある。

「グループ内の融合をね、やらなくちゃならない。PBが軌道に乗って、やっと5合目あたりまできた。次は『オムニチャネル』をやって、7〜8合目まで引き上げる。それは私の仕事」

2014年5月末の取材で鈴木はそう答えた。自ら提唱するグループの「第2ステージ」に向けて、最後の大仕事が始まっている。

## オムニに透ける2つの真意

まるで約束の地を見つけたかのようだ——。

昨今、セブン&アイ会長の鈴木と親交がある人の間で、鈴木の精力的な様子が話題に上っている。語りかける言葉には一層力がこもり、一挙手一投足にグループ全体を率いようとする強い意思がみなぎる。いつの頃からかと言えば、2013年夏に、「オムニチャネル戦略」を掲げた頃からだ。

2014年5月14日、東京都港区の品川駅に近いホテルの宴会場で開かれたセブン&アイの取引先懇親会。毎年開かれるこの会で、例年なら鈴木は1時間きっかりスピーチをする。だが2014年は予定を大幅にオーバーする1時間半にもなった。

会場を埋め尽くした食品メーカーを中心とする2000人超の出席者は、その熱の入りように驚いた。

「コンビニから百貨店まで様々な業態を抱えるセブン&アイには、ほかの流通にはない力がある。2万店が視野に入ったセブンイレブンを中心に、多様な販売チャネルを連携させれば、世界に類を見ない最強の小売りを実現できる」

鈴木がスピーチの中で最も強調したのが、オムニチャネル戦略に関する内容だった。

「これまで何度も会長のスピーチを聞いたが、今回はこれまでないような迫力があった」。懇親会に出席したある食品メーカーの社長はこう証言する。

これまでセブン＆アイは、ずっと同じ批判にさらされてきた。

２０１４年２月期のセブン＆アイの事業別の営業利益を示した、３１３ページの図を見てほしい。コンビニが全体の８割近い２５７５億円を稼ぐ一方、スーパーは２９６億円、百貨店は65億円と小さい。金融事業はセブンイレブンに設置するＡＴＭが収益の大半を稼ぎ出すので、実質的にはコンビニ関連で利益の９割を稼いでいる。

いわばコンビニの一本足打法。証券アナリストなどからは様々な業態を持つ「流通コングロマリット」としての相乗効果が発揮できていないと評されがちだ。「コンビニ以外を手放し、経営資源を集中した方がいいのでは」といった声も漏れる。

鈴木には、そごう・西武などをグループに引き入れた本人としての責任や意地もある。こうした批判に対する明確な答えを見いだすことは、鈴木自身の悲願であり続けてきたに違いない。

その悲願を成就するため、鈴木が選んだキーワードが、「オムニ」だった。

オムニチャネルという言葉自体は、いまだ定義が曖昧《あいまい》模糊《もこ》としている。「オムニ」とは「あらゆる、すべての」といった意味を表す英語の接頭辞で、流通業ではコンビニ、スーパー、百貨店といった実店舗と、スマートフォンやインターネットなどの多様なチャネル

（販路）の区別なく、商品を販売できる状態のことを指すと、理解されている。

だが、オムニ戦略のイメージや取り組みが漠然とする中で、「雲をつかむような話」「ネットとリアルの融合は10年前から言われていたのに何が違うのか」といった懐疑的な声も多い。

「（グループの）決算書は1つ」

セブン&アイ幹部によると、鈴木は最近、オムニ戦略と共にそんなことを口にすることが増えたという。それは「業態ごとの利益に、もはやとらわれない」と宣言しているに等しい。オムニ戦略に込められた真の狙いは、グループ内部に存在する業態間の壁を壊して一体化することにある。オムニ（ｏｍｎｉ）戦略は同時に、バラバラだったグループを束ねる「ｕｎｉ」（ユニ、１つの）」戦略でもある。

## 「仮病を使ってでも米国に飛べ」

「全員で行け」

２０１３年8月、オムニチャネルをグループ戦略の中心に据えることを決めた鈴木は、

セブン&アイの事業別営業利益（2013年度）

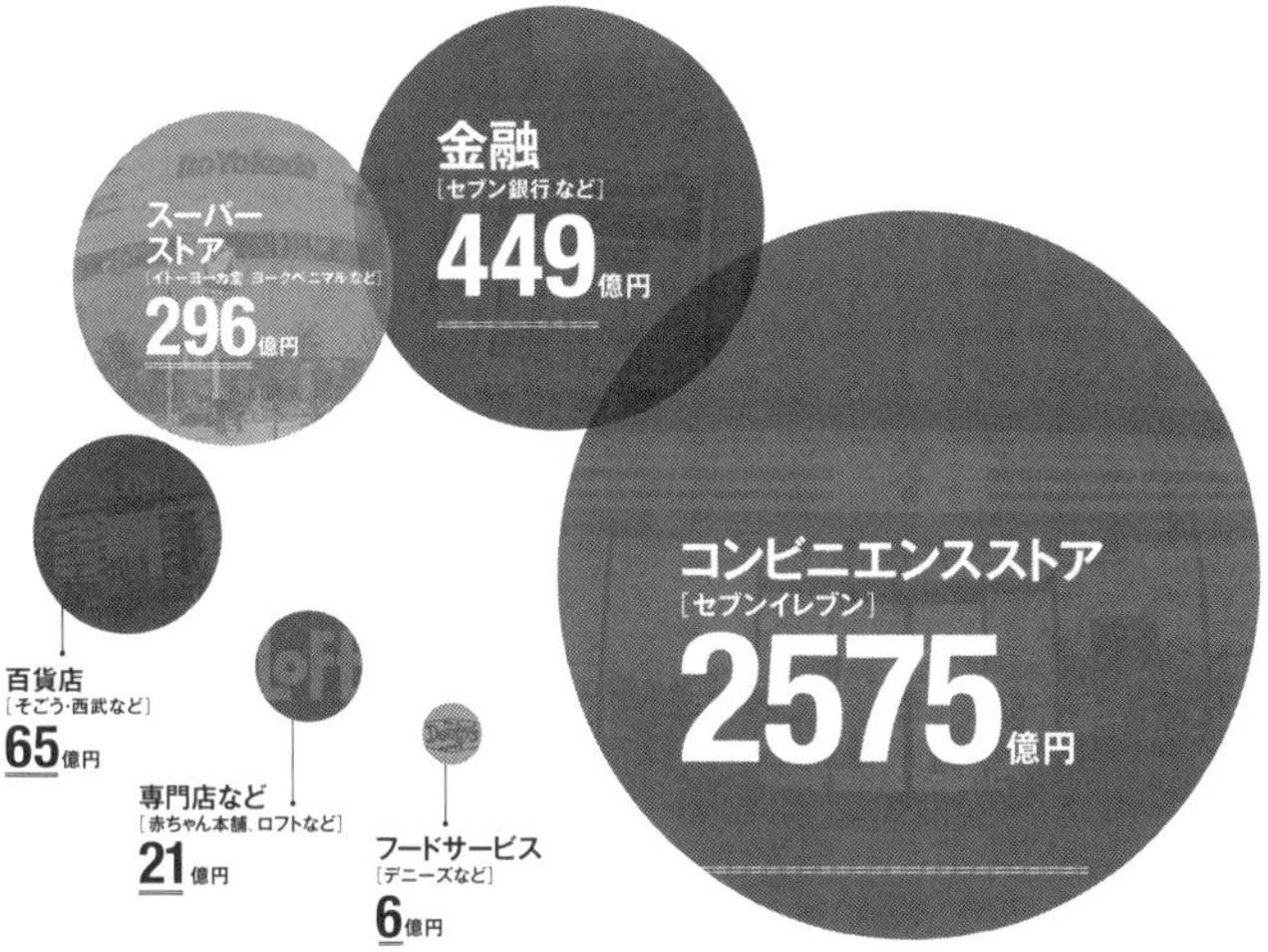


セブンイレブン、イトーヨーカ堂、そごう・西武ほか、グループ企業の社長ら50人の幹部にこう厳命した。小売りのオムニチャネル戦略が進んでいる米国を視察するためだ。

セブン＆アイ社長の村田紀敏は、「急に9月後半の1週間の予定をすべてキャンセルしろと言われてね。取引先には『病気になったとでも言っておけ』と言うんだから」と打ち明ける。オムニ戦略でグループの融合を狙う鈴木にとっては、何よりも幹部が「全員で」行くことに意味があったに違いない。

グループの融合の果てに、鈴木はどんな絵を描いているのか。セブン＆アイは今、全事業の担当者が参加する「オムニチャネル推進会議」で、プロジェクトの具現化を急いでいる。最初のゴールは2015年夏に設定しており、現段階ではその全貌は想像の世界でしか語れない。

しかし、確かに言えることもある。グループの融合とは単に、縦割りだった組織の間に橋をかけるというだけのことではない。鈴木はこれまでもずっと、「コンビニの強さを、いかにすればほかのグループ全体で共有できるか」を考え、様々な変革を実践してきた。今回のオムニ戦略にも、セブンイレブンの鉄の結束力と支配力を、より広範囲に発揮しようという思惑がある。

それは今、グループ内部の「商品開発」と「売り場作り」という2つの現場で進行していることを丹念に見れば、明らかだ。

## 誰もが欲しがる独自商品

コツ、コツと小気味よく響く金槌の音と、製品になる前の新しい革のにおい。昔ながらの町工場の雰囲気をそのまま残す、小さな靴の生産現場だ。ここに、セブン&アイのオムニ戦略に向けた新たな商品開発の思想が宿っている。

そごう・西武の婦人雑貨のバイヤーである斎藤麻美は、この町工場を毎週のように訪ねるようになった。2014年秋に店頭に投入する婦人靴の独自企画商品の打ち合わせをするためだ。

工場を運営するファランドールインターナショナル（東京都渋谷区）社長の金谷泰志は、「こんな小さい工場に大手百貨店のバイヤーが足しげく通ってくるなんて想像もしなかった」と言う。

「おまえらは靴屋になれ」。そごう・西武社長の松本隆は、斎藤ら自主企画の靴を担当するチームに、そう言ってハッパをかけた。斎藤は工場の職人と一緒に素材を探しに浅草の問屋を訪ね、どの仕入れ先がどの種類の革に強みがあるかといった情報まで頭に入れるようになった。

これまでは、ともすれば、いかに安く、リスクを抑えて商品を仕入れるかという視点に偏っていた。しかし最近では、生産計画から材料の調達手法、そして最終製品の価格設定まで、様々なアイデアが工場とのやり取りから出てくるようになった。「従来の百貨店バイヤーの業務範囲を完全に超えている。だが、どうやって靴が作られるか分かったことで、品質に対する考え方が変わった」と斎藤は言う。

鈴木から見れば、こうした変化は遅すぎたくらいかもしれない。「百貨店は同質競争に陥っている。そこから抜け出すにはセブンイレブンのようなオリジナル商品をやらないとダメだ」。鈴木はそごう・西武がグループの傘下に入ってから絶えずそう言い続けてきた。

しかし百貨店側から見れば、意識改革は容易ではなかった。

当時商品部長だった松本も、自主企画商品の開発を本格化した2009年頃、「(販売受託ではなく買い取るため)売れなくて在庫の山を抱える恐怖で眠れなかった」と打ち明ける。だが「会長の指示は、逃れようがないほど具体的で明確だったので、やるしかないと覚悟を決めた」(松本)。

百貨店のそごう・西武が商品開発で覚悟を決めたのと同じように、スーパーのヨーカ堂は売り場作りを変え始めた。

「デパ地下も、総合スーパーも食品スーパーも、どんどん同じになっていく」。2014年5月にヨーカ堂の社長に就いた戸井和久はそう強調する。

戸井は2015年までに、ヨーカ堂でそごう・西武の衣料品PBブランド「リミテッドエディション」を販売する計画を進めている。リミテッドエディションは百貨店内では比較的手頃な価格帯だが、総合スーパーでは高級ラインになる。それを扱えるだけの販売力を、総合スーパーでも備えようというのだ。

## 「セブンプレミアム」モデル

サプライチェーンの上流にまでさかのぼる靴の開発や、百貨店の衣料品をスーパーでも売る取り組みは、一見すると無関係の動きに見えるかもしれない。しかし、それはセブンイレブンが主に食品分野で発揮してきた「単品を売る力」を、ほかの商材に広げる動きにほかならない。同じ商品を業態の壁を越えて販売できるようになれば、いずれセブンイレブンがメーカーに対して発揮してきた支配力を、セブン＆アイのグループ全体が持てるようになる。

こうした取り組みに対しては、社内外を問わず「スーパーでも売っているようなものを、百貨店で買う人はいない」「スーパーに来る客は、百貨店の高価格・高品質など求めていない」といった反論が出る。だが鈴木は、もはやそうした意見を意に介さない。「ほかでは手に入らない魅力的な独自の商品を開発すれば、消費者は売り場を区別せずにどこでも買ってくれる」という思いは、既に確信に変わっているからだ。

その確信は、セブン&アイがグループ全体で取り組むPB「セブンプレミアム」の成功によってもたらされた。

東京都豊島区の「西武池袋本店」。池袋エリアで最大の大型百貨店には、セブン&アイのPB「セブンプレミアム」だけを扱う売り場がある。地下2階の生鮮食品フロアの一角。80㎡ほどの売り場に、食品を中心に約1000のセブンプレミアムと高級ラインの「セブンゴールド」がずらりと並ぶ。

売り場の1日の平均売り上げは100万円に達する。いくら立地が良いとはいえ、コンビニ店舗としても手狭な売り場で、コンビニの平均日商の1・5倍に当たる売り上げを稼ぎ出す。周囲には高級精肉店の「柿安本店」など有名店が軒を連ね、PB売り場の単価は圧倒的に低い。だがその分、客数が多く「売り場効率は他店と遜色ない」(そごう・西武のセブンプレミアム推進部長の市村元)という。

豊島区に住む38歳の女性会社員は、「いいお刺し身もあるし、子供のお弁当に入れるような安くて手軽なものも両方あって便利」と話す。持っていた買い物かごには、柿安の手羽先と、セブンプレミアムのポテトサラダが入る。この日の買い物約3000円分のうち、約1000円をセブンプレミアムが占めた。「スーパー代わりに使えるから、来店回数は以前より増えた」という。

一般的にPBは、一定の品質を保ちながらも極力安価に提供されるものとのイメージがある。そんなPBが、高級感や品質を求めて来店する百貨店の客に売れるのか──。

2009年の売り場設置当初は、百貨店の担当者などからそんな疑念が絶えなかった。だがその後「うちは百貨店だから、と言っていたことで、いかに客を逃していたかを思い知った」(市村)。

セブンプレミアムは、メーカーと二人三脚で開発するセブンイレブン流の手法で生み出された独自の商品群である。対象商品は、飲料品から調味料まで幅広い。「日本の消費者は階層化しておらず、高級店ばかりを利用する人、格安店ばかりを利用する人は少ない。多くは双方を使い分けている」。それが、鈴木の主張だ。

ほかでは手に入らない商品開発から、業態横断的な売り場作り。グループを融合させる上でセブンプレミアムの成功は数多くの突破口をもたらした。鈴木が目指してきたのは、そうやって一つひとつの強い商品を軸として、異なる業態が実質的に1つに融合していく新たな小売業の姿だ。

「売り場に立ったことも、レジを打ったこともない」と、臆面もなく語る鈴木が、流通業の経営者としては異端者であることは疑いの余地がない。だが、だからこそ百貨店やスーパーといった業態で育った人材にはない発想ができるとも言える。その異端者は今、PBの成功を経てたどり着いた確信を、インターネットの領域にも当てはめようとしている。

セブン&アイの本社から徒歩3分の場所にあるセブン&アイ・ネットメディアの本社。その最上階の会議室で、毎週月曜日から金曜日まで様々なグループ会社の関係者が集まって会議が開かれている。

## ネットも「セブン化」する

2014年5月28日の午前10時から開かれた会議のテーマは、グループを横断する新たな通販サイトで扱う商品。様々な事業会社の担当者の説明を受けながら、セブン&アイ・ネットメディア社長の鈴木康弘が熱心に指示を出す。

「ほかにないオリジナルや限定の商品がたくさん欲しい。セブンイレブンのPB比率は7割。これが僕らの目指す姿だ。最終的にPBが100%になれば、価格競争なんてしなくていい」

会議で康弘はこう強調した。そして「例えば」として言葉を継いだ。

「『本屋大賞』の受賞作を紹介するなんて、どこのサイトでもやっている。そんなものはオリジナルではない。むしろ『セブン大賞』を自分たちで作って、販促するのが我々の道だろう」

物理的な空間の制約を受けないネットの世界では、リアルの店舗と比べて圧倒的に豊富な品揃えを実現しやすい。米アマゾン・ドット・コムや楽天などのEC（電子商取引）の雄が、リアルに勝る大きな要因がそれだ。

だがそれぞれの事業者が品揃えを追求していけばいくほど、取り扱う商品に差はなくなっていく。セブン&アイはそうした事態を見通し、セブンイレブンのリアルでの成功を、オムニという舞台でネットの世界にまで拡張しようとしているのだ。

現在語られているセブングループのオムニ戦略は次のようなものだ。

他社の追随を許さないセブンイレブンの店舗網が中核となり、グループで扱う多様な商品の受け取り、返品、店舗からの宅配といった役割を担う。既にそごう・西武百貨店の食料品売り場で扱う和洋菓子などをネットで注文して、送料無料でセブンイレブンで受け取れるサービスが一部で始まっているが、問題はこのインフラに乗せる競争力のある商品をいかに増やすかにある。

## 宅配でヤマトと競合も

「仮の話ということであれば、ユニクロの商品をセブンを通じて届けることもあり得る」

セブン&アイ会長の鈴木は、日経ビジネスのインタビューに対してそう答えた。2013年11月以降、カタログ通販大手のニッセンホールディングス、雑貨専門店で「フランフラン」を運営するバルス、セレクトショップのバーニーズ・ニューヨークなど、様々な他社と資本業務提携をした理由について、話題が及んだ時のことだ。

独自性の高い商品を自ら開発したり、調達したりする能力が高いとされるこうした企業がセブンのインフラに乗れば、ネットの世界でもリアルと同様の差別化ができる。また、相手先の企業にとっても、セブンイレブンのインフラを活用できるようになるメリットは大きい。

ネット企業の台頭に押されて業績が低迷していたニッセン。同社社長の佐村信哉は、

オムニ戦略会議ではセブン＆アイ・ネットメディアの鈴木康弘氏が積極的に発言

「セブンのインフラを活用できれば、1歩も5歩も10歩も有利なビジネス展開ができる」と話す。セブン＆アイの通販サイト向けに商品を供給するだけでなく、２０１４年7～8月にはセブンイレブン店舗での商品受け取りも可能にする実験を始める。店頭に通販カタログを置き、商品の配送や返品の拠点にもすることで、ほかの通販会社と差別化するという青写真を描く。

店舗網という、インフラとしての魅力。それは、東日本大震災で多くの人が生活必需品を入手するのにコンビニを頼ったという事実だけを見ても証明されている。それを支える物流の仕組みも含めて、セブンはかつてどんな小売業も持ち得なかった影響力を手中にしようとしている。

「決してセブンさんと敵対するものではないが、『受け取り拠点になってほしい』という我々の要望に応じてくれていないことは事実です」。こう話すのは、誰であろう、ヤマト運輸の関係者だ。

ヤマトはファミリーマートなどのコンビニと提携し、アマゾンなど特定のネット通販の商品をコンビニで受け取れるサービス網の構築を急いでいる。今のところ、そうした受け取りが可能なヤマトの拠点は2万4000カ所だが、セブンは参加していない。セブンはあくまで自力での展開を優先し、グループの約1万7000の店舗網の拡充を急いでいる。

セブン&アイは2013年、ネット通販専用の物流倉庫を建設した。ネットで注文した商品が店舗に届くまでの時間を2日後から翌日に短縮し、少額の買い物でも、配送や返品を無料にする。「物を届ける会社」としての実力も、着々と高めようとしている。

## 「私が引退する日は必ず来る」

ネットを軸にしたグループの融合と成長。それこそが、鈴木を覚醒させた「オムニ戦略」の可能性にほかならない。そして鈴木はオムニ戦略に対して「これだけは自分がやらなくてはならない」と覚悟している。「(オムニ戦略のように)形のないものを形作るには相当な腕力が必要」(鈴木)で、その役目はほかの人物では代替できそうにないからだ。

しかし鈴木は「半年先か2年先か分からないが、引退する日は必ず来る」と、自らがいなくなった後のグループにも思いを馳せている。自らの強力なリーダーシップに、どれだけグループが依存しているかも分かっている。

実は、鈴木がオムニ戦略を重視する狙いが、もう一つある。

鈴木はこれまでもずっと、グループの「セブン化」を果たそうと様々な手を尽くしてきた。だが、そのすべてが思うように進んだかといえば、決してそうではない。「ヨーカ堂もそごう・西武も、変化し切れていない」(鈴木)ように見える。

なぜか。セブンイレブンは鈴木がゼロから創業し、その経営哲学や理念は十分に浸透している。一方、ヨーカ堂やそごう・西武はそうではない。創業者も歴史も従業員も企業風土も違う。人事交流や売り場改革をしても、鈴木の目にはなお、「過去の成功に縛られている」ように映る。

だが、過去は変えられなくても未来は変えられる。オムニというこれまでの業態論を超えた戦略は、40年前のセブンイレブン同様、まさに「ゼロからの創業」になる。だからこそ、グループを真の意味で融合する切り札になるのだ。

そのオムニ戦略の手綱を、鈴木は次男であるセブン&アイ・ネットメディア社長の康弘に責任者として委ねた。実は、「オムニ」という言葉を鈴木に示したのは康弘だ。

鈴木は、己の後継者についてはこれまでも口を固く閉ざしてきた。だがグループの「成長の第2ステージ」と位置付けるオムニ戦略を指揮する康弘が、その候補の一人であることは客観的に見て疑いようがない。

無論、康弘が指揮するネット戦略は「現時点では実績がないに等しい」(関係者)ことも事実。社内に「親の七光り」という批判的な目線があることも、否定はできない。厳しい見方をはね返すには、日本のみならず、海外にもないようなリアルとネットを融合させた優れた経営モデルを、自らの手で構築することが求められている。

鈴木は残された時間の中で、グループの融合に確固たる針路を示そうとしている。その過程で、カリスマ的な地位にいる自らの役割を引き継ぐに値する実力者が、社内から浮上してくることを期待してもいる。

鈴木が自らの経営の「集大成」として挑むオムニ戦略。グループの全幹部に、同時にスタートラインに立つように要求したそれは、グループの総売上高が10兆円に迫る巨大な流通帝国を引き継ぐ、次代の皇帝を決める「最終試験」の場でもある。

＝文中敬称略

（日経ビジネス２０１４年6月16日号の特集「セブン 鉄の支配力　ヒットを作る勝者の流儀」を再編集しました。社名、役職名は当時のものです。）

# 「鈴木さんも僕も、革命者だ」

## ニトリホールディングス似鳥昭雄会長が語る鈴木敏文氏の強さ

セブン&アイ・ホールディングスの鈴木敏文名誉顧問のインタビューで、頻繁に出てくる経営者の名前がある。その一人が、ニトリホールディングスの似鳥昭雄会長だ。同社の強みを鈴木氏は自主開発商品にあると分析し、エールを送る。古くから交流を重ねてきた似鳥会長にとって、「経営者・鈴木敏文」はどのような人物なのか。2016年秋、似鳥会長に話を聞いた。

鈴木さんのことは非常に尊敬しています。実は付き合いも長いんです。

鈴木さんが主催する「21世紀研究会」という勉強会があって、経営者の皆さんが自分の事業を発表するんです。参加するのは上場企業や、上場を目指す企業の経営者たち。みんなで各社を回って、その会社の経営者が発表して、鈴木さんがコメントをする。こういう席やゴルフなんかで、鈴木さんと食事をしながら、みんなで意見交換をするんです。

私自身、鈴木さんから「君のところの強みは商品作りなんだ」と言われたことがあります。チェーンストアのビジネスモデルは（流通業の経営コンサルタントである）渥美俊一先生が方向を示してくれた。けれど「具体的に活動するのはあなた自身でないとできないんだから」とエールを送ってくれたんです。

鈴木さんはやっぱり革命者だと思います。流通業に革命を起こした。

普通の商店ばかりだった時代に、米国でセブンイレブンを見つけて、国内で標準化を進めていった。フランチャイズ方式で店舗をたくさん出すことで、バイイングパワーを付けていったわけです。今では全国1万9000店という膨大な店数を展開していますから、価格決定権もセブンイレブンの方にある。かつて、小売業の価格決定権はメーカーや問屋側にあったんです。それを売り手が自分で決められるようになった。これはすごいことですよ。価格だけではありません。商品や売り場についても決められるようになった。それが自主マーチャンダイジング（MD）です。

鈴木さんがセブンイレブンを始めた当初、日本に本格的なフランチャイズ方式は存在していませんでした。ですから渥美先生も、セブンイレブンの1号店がオープンした時には、「どうかな」とおっしゃっていらした。周りの皆さんも反対したそうです。それくらい未知のビジネスモデルだったんです。それを成功すると信じて突き進んだ。きっと鈴木さんは常に未来を見ているんだろうな。

## 改良ではない、革命なんだ

過去を否定していかないと、企業は成長できません。鈴木さんもよく、現状を否定せよとおっしゃっていますよね。

口では「現状否定」と簡単に言えても、実際にはなかなか実行できないものなんです。目の前の現実や昨日までのことを否定するのは難しいですから。多くの経営者は過去の経験から経営判断を下しているわけです。それは改良です。

改良と革命は全く次元が異なります。国の政権を引っぺがして新しいものを打ち立てる。革命とはその新しいイノベーションのことなんです。

そんな革命を、鈴木さんはずっと続けておられる。現在の流通業界で革命を実践する代表的な存在といえば、鈴木さんとユニクロを展開するファーストリテイリングの柳井正さんでしょう。鈴木さんは、流通業界の革命者なんです。

革命を起こして、人々の暮らしの不平不満や不便を便利なものに変えていった。いつでもすぐ近くで、欲しいものが、欲しい時に手に入る。それが全国に1万9000店もあるんです。革命そのものでしょう。

私も今、革命を軸に人を育てています。まず20代では体で仕事を覚えます。首から下を鍛えるわけです。次の30代では、体と首の上を使って改善や改良を重ねていく。そして40代になると、全く別なものを作る革命の時代に入る。

人間の人生が成功するか否かは40代で決まります。40代で革命を起こせるか。革命を起こせる人は100人に1人いるかいないかでしょう。その1%の逸材が人々の暮らしを変える革命や改革を起こすんです。そういう意味では、鈴木さんは何百万人に1人という人物なのでしょうね。

## セブンのコーヒーはおいしい

鈴木さんは国内でセブンイレブンを始めた後、様々な食べ物を販売し始めます。当時聞いた話では、米国のスタイルのままではダメだと感じて、日本の文化をどのように取り入れられるかを常に考えていらしたそうです。そして、おにぎりやおでんを扱うことを思い付いた。昔はおにぎりや弁当なんて、駅で売る駅弁くらいしかありませんでした。当然、おにぎりがコンビニで売れるわけがないと、みんなが思っていた。けれども鈴木さんは反対されても実践し、成功を収めた。

セブン銀行だってそうですよね。小売業を展開していて、銀行業に参入しようなんて、普通ならば全く思い付きません。その後はコーヒーでしょう。

僕は毎朝、必ずセブンイレブンのコーヒーを買って、飲みながら会社に向かうんです。おいしいですよね、驚きましたよ。

きっと鈴木さんは、常に消費者は何が不満かということを考えているんでしょうね。そして、欧米で日本よりも進んでいるものがあると取り入れる。

昔の流通業では、「アメリカはアメリカだよ、日本で通用するわけがない」という意見が大半でした。僕は28歳の時に米国に視察に行き、ニトリの100倍近く大きな問屋さんや家具屋さん50人と一緒に、米国で研修を受けたんです。けれど、今残っているのは私1人です。

私は当時の米国流をそっくり取り入れました。当時、皆さんは「そんなのは成功するわけがない」とおっしゃった。米国人とは背の大きさが違うし、彼らは靴を履いたまま家の中に入ります。食べるものだって違う。だから日本では通用しないと言うんです。けれど僕は、「同じ人間なんだから、最初は違和感を覚えても、それがいいとなれば慣れる可能性がある」と信じていた。日本人にとって何がいいか悪いかも分からないまま、「日本では通用しない」って思ってもしょうがないでしょう。だから米国流を全部持ってきたんです。

## 食わず嫌いで事業は拡大できない

米国のスタイルを取り入れてまねをする。仮に1～2年続けて、日本文化になじまなければ捨てればいい。それなのに皆さん、食わず嫌いなんでしょうね。新しいことに取り組まないし、刺激を受けようとしなかった。

経営者には、「食べたことがないから食べてみよう」といった好奇心がないといけません。僕は郊外のレストランに行くと、いつも食べたことのないメニューを注文するんです。家内は数秒で注文を決める。けれど僕は、食べたことのないおいしそうなものを求めて、メニューとにらめっこをする。家内には「もう私が食べ終わるまでずっとそこで考えてなさい」って言われますよ（笑）。

新しいものを頼めば、十中八九、失敗します。今まで食べたものの方がおいしいケースが大半です。けれど、10に1つ、「これはうまい」というのもある。そうしたら自分の食事の幅が広がります。自分の引き出しが増えるんです。

事業も同じでしょう。幅を広げて、決断と実行を繰り返す。

僕はもう即断・即決・速攻。考えて立ち止まったら、動けなくなってしまいます。けれど実行すれば、ダメならダメだと分かります。実行もしないで議論ばかり重ねてもしょうがないでしょう。そういう点では、鈴木さんも僕と同じで、せっかちだと思うんです（笑）。すぐに実行しなくちゃ気が済まない。

実際に聞いてみると、経営スピードの速い企業の経営者は皆さん同じですね。実行する数を増やせば成功する確率は上がる。当然のことだと思います。それを、「無理じゃないか」と議論ばかり重ねたり、立ち止まって考えたりしている人は失敗もしないけど成功もしませんよ。

## 〝棺桶人間〟になってはいけない

安全パイしか選ばない人は、人生でも喜怒哀楽が少ないはずです。挑戦をしないから失敗も少ないし、平々凡々の人生が当たり前になってしまう。私から見れば、そういうのはもう〝棺桶人間〟なんですね。死んでいるのと変わりません。

僕は、鈴木さんを見ていると共通しているなと感じるんです。鈴木さんも、やはり現状に満足せず、常に未来を考えている。現在の不便や不満を何とか解決できないかといつも思索していらっしゃる。僕はまだ未熟だけれど、鈴木さんの思いは共感できる。きっと物の見方や考え方が似ているんでしょうね。

自分がお客の立場だったら何を思うか。自分の過去の経験を無視して、無になって、お客の立場で常に新しいことに挑戦する。それはなかなか難しいし、ニトリにもめったにそんな人材はいません。

けれどね、そもそも自分の経験なんてたかが知れていると思いませんか。60年、70年生きたって、知らないことはたくさんあります。まして20代や30代の頃なんて、ほとんど何も知らないようなものです。それなのに、過去の経験だけをよりどころに「無理だ」と自分で判断するのは本当にもったいないことですよ。

うちの社員たちは、展示会で何百、何千と商品が並ぶ中から、店頭で扱う商品を選んできます。けれど彼らが提案する商品の中には、ダメなものもたくさんある。なぜかというと、お客の立場で考えていないからです。売り手の立場で考えるから、扱うべき商品が見えてこない。

社員にはよく「会長はどうして分かるの」と聞かれます。お客のニーズを知るには自分を透明人間みたいに無にするしかありません。自分がお客の立場にぱっと変身して考える。

売り場で買い物をする人は皆さん素人で、玄人が買い物をするわけではありません。であれば、売る側も素人の発想に立たなくてはなりません。何も知らない素人の発想が一番いい。鈴木さんも同じように、お客の立場になって考えていらっしゃるから、次々とお客の求めるサービスや商品を思い付くのでしょうね。

## 現状に満足してはいけない

重要なのは、現状に満足しないということです。普通の人は、ある程度成功すると満足してしまうんですね。けれど、革命は止まった瞬間にダメになる。満足した瞬間、僕はそんな人材を外します。改善し、改革し、そして期待を上回る。これを続けていかなくてはなりません。

みんなが歩いている時にぱっと自転車に乗る人。みんなが自転車に乗っているならば自動車を使う。自動車があふれて道路が混み始めたら、目的地まで一直線で向かうヘリコプターやセスナ機を使う。それくらい違う発想ができないとダメではないでしょうか。

繰り返しますが、今までの仕組みをガラッと変えるのが革命です。これをどう実践するかというと、満足しないということしかありません。

目標を達成したら一瞬だけ満足して、すぐにほかのことを考え始める。何かを達成し、そのたびに満足に浸っていれば、ゆくゆくはゆでガエルになってしまいます。

鈴木さんも、革命を実践してきたから生き生きとしているんでしょう。それをしてないと生きている気がしないんじゃないかな（笑）。私もそうですから、よく分かります。

ただ、そんな鈴木さんももう（２０１６年12月に）84歳になられる。本来ならば引退しなきゃならないことは、ご本人が一番分かっていらしたはずです。そういう意味では、今回の件がなければ、まだまだ現役を続けなくてはならなかったかもしれない。

それが、ようやく一線を退くことができた。鈴木さんにとっては第二の人生の始まりです。84歳から新しい挑戦を始めて、刺激を与えてもらいたいですね。

**似鳥 昭雄**（にとり・あきお）

家具インテリアチェーン、ニトリホールディングス会長。

1944年、樺太生まれ。北海学園大学経済学部を卒業。1967年に家具店を札幌に開店し、その後、似鳥家具卸センター（現ニトリホールディングス）を設立。米国の家具チェーンをならい、日本国内で家具店をチェーン展開する。独自商品の開発に力を注ぎ、日本最大の家具インテリアチェーンへと育て上げた。

# 終章
# 舞台を降りたカリスマ

# 終章　舞台を降りたカリスマ

鈴木敏文が四半世紀に渡り統治してきた「セブン帝国」は、唐突な終焉を迎えた。

3章4節「築き上げた『鉄の支配力』」で描いたように、鈴木はオムニチャネル戦略を軸に、セブン&アイ・ホールディングスが、全く新しい小売業に進化する姿を構想していた。

それからわずか2年足らず。鈴木は急きょ、2016年4月7日の決算発表の記者会見に出席することを決め、退任を表明したのだ。

確かにかつて、鈴木はこう語っていた。「半年先か2年先か分からないが、引退する日は必ず来る」。結果的に、言葉通りになったのだが、引退までの経緯ときっかけは、周囲の予想を裏切るものであり、鈴木自身が道筋をつけた継承ではなかった。

表面的な理由は、セブン-イレブン・ジャパン社長だった井阪隆一を退任させるかどうかを巡っての、取締役会内部の対立と混乱にあった。だが背景を探ると、本書で一貫して描いてきたような、創業者・伊藤雅俊と鈴木の間の絶妙で危ういバランスが、ついに崩れたという事実に突き当たる。

伊藤との関係にひびが入ったきっかけは、グループの祖業であり伊藤雅俊が作り上げた、イトーヨーカ堂の業績不振にあった。かつて鈴木が業務改革に取り組み、伊藤に次ぐ実力者として足場を固めた舞台もヨーカ堂だったが、業績の低迷によって、最後まで鈴木をいら立たせ続けたのもヨーカ堂だった。

3章で紹介したように2000年以降、ヨーカ堂は、幾度メスを入れても改革が進まず、グループの懸案として重くのしかかるようになっていた。その後、2015年に至るまで、セブンイレブンが「鉄の結束」で業績を伸ばし続ける一方、ヨーカ堂は苦境が続くという構図は、より鮮明になっていた。ヨーカ堂の改革が進まないのは、伊藤が会社を指揮していた時代の成功体験が組織風土に染みついているからだ、という思いが鈴木にはあった。一方で、創業家側には、ヨーカ堂を含むグループを統治してきた鈴木の経営手法を、完全には信頼しきれないという微妙な溝があったようだ。

カリスマの鈴木と、伊藤らの創業家。この二重権力の矛盾によって、セブン&アイ内部には、いつ噴き出てもおかしくないマグマがたまっていた。そして2016年、マグマがついにあふれ出し、カリスマの退任につながる綱引きがセブン&アイで始まった。

## ヨーカ堂社長の更迭と在庫買い取り

世の中が、セブン&アイの異変に気づいたのは、2016年の年明けに発表されたグループ人事だった。2016年1月8日、それまでヨーカ堂社長を務めていた戸井和久が突然、辞任したのだ。2015年3~11月期決算の発表をした翌日のことだ。

この期に、ヨーカ堂は過去最大となる144億円の営業赤字に転落した。セブン&アイは辞任の理由について、戸井が業績悪化の責任を取って自ら申し出たと説明した。だが実態はヨーカ堂低迷の原因が戸井の経営手腕にあると見た鈴木による更迭だった。戸井の後任にはヨーカ堂の前社長、亀井淳が復帰した。

さらにヨーカ堂の業績悪化を巡っては、もう一つ異例の「事件」が起きていた。実はこの事件が、長年に渡る鈴木と伊藤の危ういバランスを崩壊させ、表面的には結束を保っていたグループ全体を揺さぶった。そして鈴木の退任表明に至る下地となった。

ヨーカ堂の業績悪化の要因は、衣料品などの過剰在庫だった。そこでヨーカ堂の会長兼

CEO（最高経営責任者）を兼務する鈴木と側近らは、損失を抑えながら大量の売れ残りを処理できないかと、ある「奇策」に打って出る。

100億円規模の在庫を伊藤らの私財で買い取ってもらい、その衣料を海外などへ寄付する――。

関係者によると、在庫買い取りの支援を依頼する書簡を、鈴木の側近が、伊藤家へ持って行ったという。だが反応は、鈴木側の想定外のものだった。伊藤家の資産管理を担う伊藤の長女・山本尚子などが怒り、鈴木側の提案は拒否されたという。

退任表明の記者会見に出席した鈴木と当時セブン＆アイ顧問だった後藤光男は、「伊藤家の世代交代によって事情が変わった」と繰り返した。これは伊藤家の資産管理会社である伊藤興業を主導するのが、伊藤の妻・伸子から、長女・尚子に代わったことを示している。伊藤家側は日経ビジネスの取材要請に応じていないが、関係者が明かした在庫の処理案の結末と、記者会見での鈴木側の発言はぴたりと平仄《ひょうそく》が合う。

ヨーカ堂は伊藤家の祖業であり、ヨーカ堂の苦境は創業家にとっても不名誉な事態だ。ヨーカ堂の再生につながる施策ならば、最後は伊藤本人が納得してくれるという読みが、鈴木らにはあったようだ。あるグループ幹部は、伊藤は年を重ねるほど、創業家の持つ富を、会社の従業員や社会へ還元しようという意識が強くなっていたと話す。「『お金はあの世には持って行けないのよ』という奥さんの考えも影響している」との見方もある。

事実、伊藤は２００８年に60億円規模の持ち株を社員に無償で提供している。さらに伊藤家は70億円を拠出して、セブン＆アイ社員のための「伊藤研修センター」を設立。２０１２年に完成した。

伊藤が創業したヨーカ堂は、２０１６年初めの段階で、２０１６年２月期の通期に上場来初の営業赤字になる可能性が濃厚になるほど苦境に陥っていた。これまでも積極的に寄付を重ねる伊藤の姿を見てきた鈴木や側近は、「ヨーカ堂を身軽な状態にして、２０１７年２月期をスタートさせたいという思いに、名誉会長が共鳴してくれると期待したのだろう」（グループ幹部）。

米経済誌フォーブスの２０１６年版「日本長者番付」によると、伊藤の資産は４０００億円超で10位。伊藤家が保有するセブン＆アイ株の価値を増大させ、多額の配当金を出すことができたのは、ヨーカ堂ではなく、鈴木が作り上げたセブンイレブンがあるからだ――。鈴木には、そんな自負もあったのかもしれない。

## 鈴木の人事案に創業家が「ノー」

鈴木が更迭させるべきだと考えていたのは、ヨーカ堂を赤字に陥らせた戸井ばかりではなかった。5期連続の最高益を更新することが確実な状況になっていたセブンイレブンのトップ、井阪隆一に対しても、交代すべき時に来ていると考えていた。

鈴木は退任会見で、「何も新しいものが出てこなかった」と、セブンイレブン社長の井阪を更迭しようとした理由を述べた。セブンイレブンの経営方針は、すべて鈴木が出したものであり、井阪からは次の成長を牽引するためのアイデアが一切出てこなかったのだという。

それまでセブンイレブンでは、鈴木がCEOを担い、井阪はCOO（最高執行責任者）だった。鈴木は1978年、初代社長を務めたヨーカ堂創業者の伊藤からセブンイレブンの経営を引き継ぎ、1992年に会長となった後も、セブンイレブンのトップを続けてきた。実に38年もの間、セブンイレブンのトップに君臨してきたわけだ。その間、銀行業への参入など、現在のコンビニの中核サービスを次々と打ち出してきた鈴木にとって、井阪の手腕は頼りなく映ったのだ。

2016年2月15日、鈴木は井阪を会長室に呼び、退任を迫ったという。だがこの人事案は、井阪本人が拒否しただけでなく、創業家からも反発を受けた。これまで鈴木は自分の思う通りにグループ会社の主要人事を決めてきた。伊藤ら創業家は、人事も含めた鈴木の経営手腕にセブン&アイを委ねてきた。

だが井阪の退任案については、セブン&アイの社外取締役が主導する指名・報酬委員会が「伊藤名誉会長の意向を確認した方がいい」と経営陣に助言したという。そこでセブン&アイ社長を務めていた村田紀敏は、伊藤に井阪退任の人事案への承認を求めに行った。すると、伊藤は村田の打診を拒否したのだ。村田は鈴木の退任会見で、その時の衝撃を次のように語っている。

「名誉会長からはっきりと断られました。こうしたことは初めてで、驚きました。今まで鈴木会長の経営に信頼感を持っていたのに、なぜこの件に承諾していただけないのか。私も名誉会長とのお付き合いは長いので、なぜなのかという違和感をものすごく持っています。それは今でも持っています」

長く鈴木に経営を一任してきた伊藤が、ついに鈴木に「ノー」を突き付けた。ヨーカ堂の在庫買い取り要請などの経緯から、鈴木と創業家の間の溝が決定的になっていたようだ。

## セブンイレブンの歴代トップとチェーン全店売上高の推移

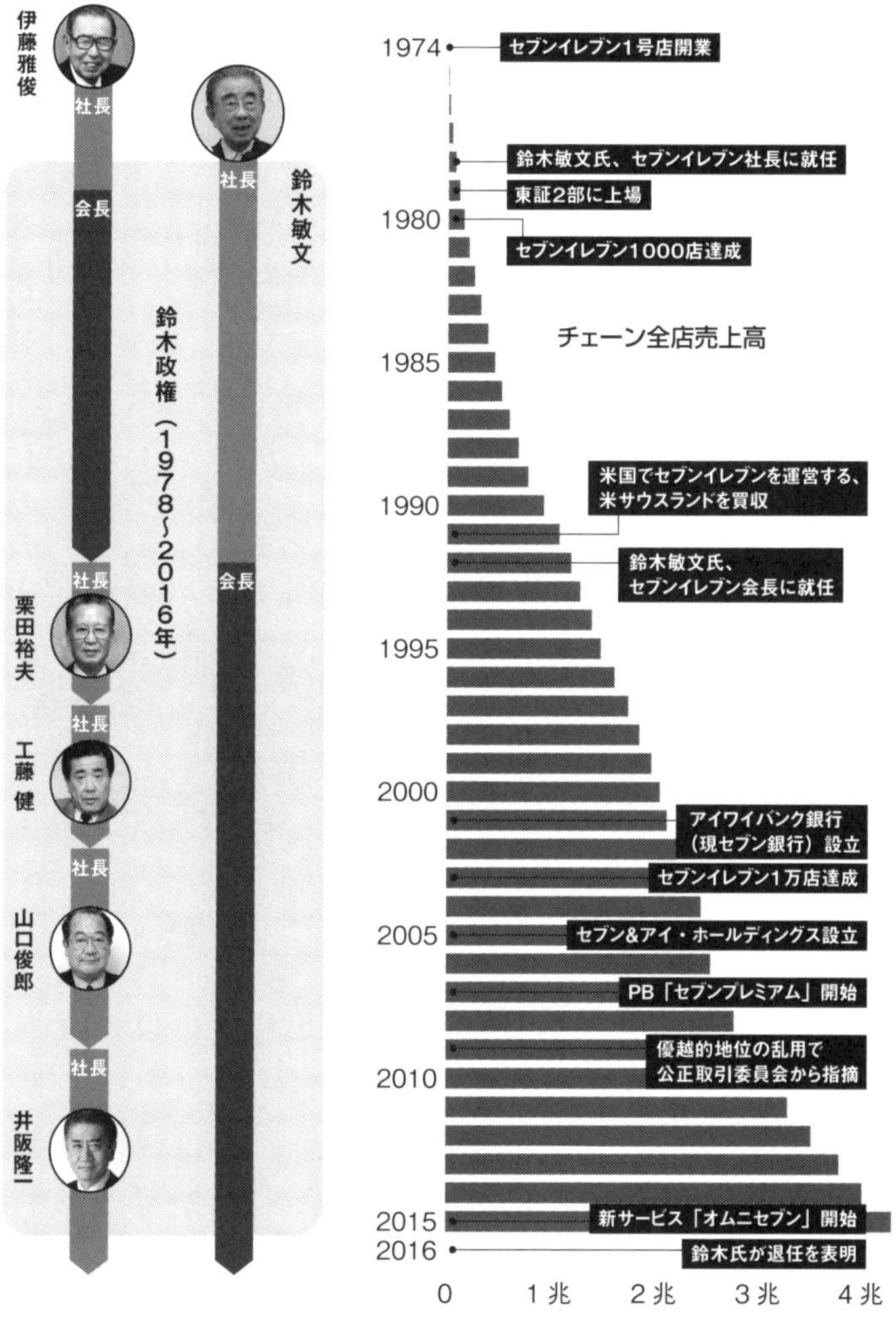

## 対立のまま取締役会になだれ込む

2016年3月末、セブンイレブン社長の井阪を退任させる人事案が、井阪本人が受け入れないまま、会社側からセブン&アイの指名・報酬委員会に諮られることになった。ちょうどこの月の頭に設置したばかりの委員会の構成は、鈴木と村田に加えて、社外取締役として一橋大学大学院商学研究科特任教授の伊藤邦雄と、元警視総監の米村敏朗が参加した。

人事案は、井阪がセブンイレブン社長とセブン&アイ取締役から外れるという内容。これに、伊藤邦雄と米村は納得することができなかった。井阪の更迭を主張する鈴木と村田に対し、それを受け入れることのできない伊藤邦雄と米村。委員会で議論を重ねても結論は出ず、セブン&アイの取締役会に鈴木の人事案がそのまま諮られることになった。

そして2016年4月7日、取締役会が開かれた。この時のセブン&アイの取締役は合計15人。セブン&アイ社内の取締役は、鈴木や村田のほかに、CAO（最高管理責任者）の後藤克弘、CSR（企業の社会的責任）を担当し、名誉会長・伊藤雅俊の次男でもある伊藤順朗、財務担当の高橋邦夫、経理担当の清水明彦、鈴木の次男である鈴木康弘、セブン銀行会長の安斎隆、ヨークベニマル会長の大髙善興、米セブンイレブン社長のジョセフ・マイケル・デピント、そして退任を要求されている井阪本人だ。

一方、社外取締役は、指名・報酬委員会に参加した伊藤邦雄と米村のほかに、立教大学経営学部国際経営学科教授のスコット・トレバー・デイヴィス、月尾研究機構代表取締役の月尾嘉男の4人である。

取締役会の場で、伊藤邦雄は改めて、5期連続で最高益を達成している社長を退任させることは、株主に対して合理的な説明がつかないことを強調した。この意見にほかの社外取締役は同調した。

井阪自身も自らの実績を切々と訴え、「この先も（セブンイレブンの）社長を続けていきたい」と主張した。退任案に反対する声は、社内からも上がった。発言したのは、伊藤雅俊の次男の順朗だ。「私はセブンイレブンの役員として井阪氏を見たこともあったが、彼はしっかりやってきた」という趣旨で井阪を評価したという。一方、鈴木と村田を除いて、ほかの社内取締役からはほとんど意見が出ず、鈴木は取締役会でも淡々とした口調で、井阪を更迭すべきだという主張を曲げなかった。

議論は平行線をたどり、人事案への採決は無記名投票で行われることになった。結果は、賛成7、反対6、白票2——。賛成が過半数に満たず、鈴木が提案した井阪の退任案は否決された。

取締役会での発言などを踏まえると、反対票を投じたのは、社外取締役4人と井阪、順朗の6人だろう。つまり2つの白票は、セブン&アイ内部の取締役が投じたことを意味する。もはや社内取締役も一枚岩ではなく、「鈴木帝国」は内部から崩壊した。

## 物言う株主が鈴木体制に圧力

内部崩壊には外圧の影響もあった。井阪の更迭を巡って、鈴木を中心とするセブン&アイ経営陣と、伊藤ら創業家が攻防を続ける中、創業家と歩調を合わせて鈴木らに圧力をかけたのが、物言う株主と言われる米投資ファンドのサード・ポイントだった。2015年後半からのこのファンドの動きを振り返ると、鈴木の退任劇で、単なる「わき役」とは言えない重要な役割を担っていたことが分かる。

サード・ポイントは日本でもソニーやスズキ、ファナックなど有名企業の株式を取得し、ソニーに対しては米国エンターテインメント事業の分割・上場などを求めたことで有名だ。

企業経営者にしてみれば、極めて手強い株主でもある。そのサード・ポイントが２０１５年に目を付けたのがセブン＆アイだった。

２０１５年10月30日、サード・ポイントはセブン＆アイの株式を取得したと、投資家向けのレターで明かした。ここからサード・ポイントは、メディアを巻き込み、セブン＆アイ内部を揺さぶる作戦に打って出る。セブン＆アイの株式を取得したことを公表したレターの中で、セブン＆アイやそれを率いる鈴木に対し、賞賛と圧力を巧みに織り交ぜながら要求を突き付けたのだ。

まずは、セブンイレブンのイノベーションへのコミットメントと最新鋭の在庫管理、１日３回の商品補充を可能にする物流網、そして優れたＰＢ（プライベートブランド）「セブンプレミアム」を絶賛。これらを作り上げた人物こそが鈴木であると持ち上げた。同時に、そんな〝エクセレントカンパニー〟が、米国の有力小売業と比べて、企業価値が著しく低いと指摘。最大の原因は業績不振のヨーカ堂であり、それによって株主が不利益を被っていると断じたのだ。その上でヨーカ堂をグループから切り離し、セブン＆アイがコンビニ専業企業になれば株主は大きな利益を得られると主張した。

## 「獅子身中の虫」が内通

セブン&アイが2016年3月に、指名・報酬委員会を設置したことにも、サード・ポイントの要求が影響している。委員会設置を進言したのは、コーポレートガバナンスの権威と言われる社外取締役の伊藤邦雄だが、サード・ポイントは2015年10月のレターの中で伊藤邦雄を名指しし、セブン&アイの改革を迫っていた。

この指名・報酬委員会の設置は、鈴木の退任の遠因の一つになったが、最後の局面でサード・ポイントは追い打ちをかけている。指名・報酬委員会が開催される直前の2016年3月27日(米国現地時間)、サード・ポイントはセブン&アイの取締役全員にレターを送付していたのだ。

「噂を耳にしており、株主の利益に反し、むしろ縁故主義に基づくような行動を起こすのではないかと大きな懸念を持ち、御社の状況を見てまいりました」。レターに記された「噂」というのは、鈴木が、次男の康弘に世襲させようとしているのではないかということを指す。

「取締役会の皆様には、こうした噂されている行動に移らないよう、そして、鈴木敏文会長が株主の利益に反するような行動をとらないように必要な措置を取るべく、強くお願い申し上げます」

井阪を退任させる動きについても、「井阪氏は、その功績と株主利益へのコミットメントにおいて、高く評価されるべきであり、降格されるものではございません」と主張した。

鈴木は退任会見で、「獅子身中の虫がいる」と明かしたが、鈴木本人が察していた通り、レターが送られる絶妙のタイミングなどから、セブン&アイ社内の状況をつぶさにリークしている人物がいることがうかがえる。井阪退任を主張した鈴木らの人事案に白票を投じた社内取締役の判断に、サード・ポイントの〝圧力〟が影響した可能性は否定できない。

サード・ポイントのセブン&アイ株の保有比率は明らかになっていないが、デリバティブなどの間接保有分も含めれば当時、5%を上回る可能性があった。そこに約10%とされる伊藤ら創業家の持ち分を合計すれば大きなかたまりとなるだけに、取締役に与えるプレッシャーも極めて強かったということは、想像に難くない。

## 最高顧問か、名誉顧問か

鈴木が退任を表明したことで、セブン&アイは突然、投資家などが長年懸念してきたカリスマ経営者の「後継問題」に直面した。鈴木の退任表明後には約1週間に渡って、井阪のセブン&アイ社長への昇格を求める社外取締役と、それに反対するセブン&アイ経営幹部らの攻防があった。

会社側が示したのは、村田がセブン&アイの社長にとどまり、井阪もセブンイレブン社長に留任する案だった。これに社外取締役の伊藤邦雄は反対した。鈴木の腹心である村田がセブン&アイの社長を続ければ、鈴木の影響が強く残り、変化は期待できないと見たからだ。結局、村田はセブン&アイ社長の退任を受け入れた。

そして指名・報酬委員会を経て、井阪がセブン&アイの社長に昇格し、セブンイレブン社長には、それまでセブンイレブン副社長だった古屋一樹が昇格する人事が固まった。鈴木が退任した後は、セブン&アイに会長職は置いていない。

この新体制が誕生するまでには、奇妙な議論の飛躍がある。確かに井阪は、セブンイレブン社長として5期連続の増益を達成してきた。指名・報酬委員会に加わる社外取締役やサード・ポイントは、この実績をもって、井阪がセブンイレブン社長として「適格」と評価を下した。

だがコンビニの社長に求められる能力と、傘下に多様な小売り・サービス業を保有する持ち株会社のトップとしての能力は別のものだ。井阪が、巨大な流通コングロマリットをうまく指揮できるかどうかは未知数だった。しかしセブン&アイ内部に、鈴木の跡を継ぐ人材は薄かった。引退会見でも、後継者を育てられなかったことに対して鈴木は、「不徳のいたすところ」と認めている。

もう一つ、鈴木が退任を表明した後のグループの混乱ぶりを印象付けたのは、鈴木の処遇を巡る綱引きだった。

当初、村田ら会社側は、退任後の鈴木を「最高顧問」に据える案を提案した。だが「最高」という表現では影響力が強く残るとして、やはり社外取締役が反対。結局、鈴木の処遇は「名誉顧問」で決着した。鈴木の執務室も、セブン&アイ本社には置かず、本社の近くのホテルニューオータニに個人オフィスが用意された。東京・四ツ谷にあるセブン&アイ本社の9階には、名誉会長の伊藤がこれまで通り出勤し、近くのホテルに名誉顧問の鈴木がいるという、不思議な状況が生まれることになったのだ。

２０１６年5月26日に開催されたセブン&アイの株主総会で、現役最後の挨拶をした鈴木は、そこでもなお、ネット事業とリアルの小売業を融合させるオムニチャネル戦略にかける強い思いを語った。

「これからの大きな問題はオムニチャネルです。オムニチャネルに対してどれだけ力を入れてくれるか。もちろん、力を入れてくれることを（新経営陣は）私に宣言してくれております」「それがきちんとできれば、我々の会社は小売業として日本で一番、そして世界で何番目かに成長すると思います」

## 新体制、百貨店や人事にメス

井阪は、セブン&アイ社長に昇格した２０１６年5月末から「１００日でまとめる」としていたグループの構造改革プランを、２０１６年10月6日に発表した。

目玉は、傘下のそごう・西武の3店舗を、阪急阪神百貨店を運営するエイチ・ツー・オーリテイリング（Ｈ２Ｏ）に譲渡するというもの。百貨店やオムニチャネル戦略など、鈴木の肝煎りの事業にメスを入れることで、旧体制との決別を進めているようにも映る。鈴木体制下では一度も公表したことがなかった中期経営計画をまとめたことも、体制の転換を象徴している。

セブン＆アイ傘下のそごう・西武は、鈴木が買収を決めた案件であり、高質な商品の開発・販売を通じて、鈴木が進めてきたオムニ戦略にも大きく貢献することが期待されてきた。だが百貨店事業の業績低迷を放置できないと見た新経営陣は、店舗のリストラを加速させようとしている。

H２Oに承継する3店は、「そごう神戸店」「そごう西神店」（いずれも神戸市）と「西武高槻店」（大阪府高槻市）。そごう・西武では、２０１６年9月の2店舗閉鎖に続き、２０１７年2月の2店舗閉鎖が決まっている中で、さらに3店舗を譲渡するという、急ピッチの外科手術が進む。

さらに人事にもメスを入れた。そごう・西武は２０１６年10月6日付で、社長の松本隆が退き、後任にはセブンカルチャーネットワーク社長の林拓二を据えた。松本は鈴木の次男で取締役の康弘と共にオムニ戦略の責任者を務め、同戦略向けの商品開発にも力を注いできた経緯がある。康弘本人も２０１６年末に取締役を退任することになった。

井阪は記者会見で、オムニ戦略の全面的な見直しを表明した。従来の戦略については、

「ネット通販事業として展開してきたが、不特定多数の顧客にアプローチしてきたこととシステム起点で進めてきたことが失敗の要因」と説明。鈴木ら前体制が進めてきたオムニ戦略に対して、「失敗」との評価を下した。

## 記者会見で異例の「創業者賛辞」

こうした具体策以上に、新体制がよって立つところを印象付けたのは、井阪がこの記者会見で話した次の言葉だった。

「この巨大グループの素晴らしさは、名誉会長がしつけのように植え付けてくださった企業理念です。創業の理念を次の世代にもしっかりつないでいくことが、私たちの大事な役割だと考えています」

名誉会長とは、セブン&アイ創業者の伊藤雅俊のこと。「しつけ」という言葉が企業経営の中で語られるのは異例に思えるが、商いの心得など「商人道」を説いてきた伊藤の経営手法を的確に表す言葉でもある。本書の2章で見たように、「しつけ」は伊藤の経営手法を象徴する重要なキーワードでもある。井阪は、鈴木が長く訴え続けた経営哲学「変化対応」などにも触れたが、それ以上に、創業者の精神を改めて新体制の求心力の源にしようという思いが強くにじんでいた。

井阪の人事を巡る一連の騒動で、伊藤家は常に井阪支持に回っており、新体制の大きな後ろ盾とも言える。それだけに、創業家の思い入れの強い事業については今後、改革が遅れかねない懸念もある。次々と店舗を閉鎖・譲渡するそごう・西武に対して、テコ入れが待ったなしのはずのヨーカ堂の改革スピードには疑問が残るからだ。

セブン＆アイの祖業であるヨーカ堂や、それを生み出した伊藤、さらには大株主である創業家の存在を尊重することは重要だ。しかし鈴木が去った後、今度は伊藤家に対する「忖度の文化」が、グループ内部にはびこるようなら、セブン＆アイの将来は危うくなる。

鈴木の退任直後、ある証券アナリストはこう警鐘を鳴らした。「鈴木さんが去った後のセブン＆アイは、チトー死後のユーゴスラビアのようになるかもしれない」。独裁者チトー大統領の下、ユーゴスラビアは社会主義国として多様な民族を束ねてきた。だがチトーが亡くなり東西の冷戦が終結すると、多数の国に分裂して内戦が続いた。同じようにセブン＆アイ内部でも、「人事案を巡る混乱で、取締役たちの間に感情的なしこりが残った」とある取締役は明かす。何とか１００日プランの発表にこぎ着けた新体制だが、依然として「ユーゴ化」のリスクは続いている。

## 「サラリーマン経営者」の矜持

鈴木がトーハンからヨーカ堂に中途入社したのが1963年。希望して入ったわけでもない小売業界だったが、結果として鈴木には、それが極めて幸せな巡り合わせだった。重厚長大の産業と違い、小売業の業界地図は固まっておらず、いくらでも逆転のチャンスがあったからだ。野心家の鈴木にとって、挑戦するフィールドが大きく広がっていたのだ。

戦後の消費経済を担った流通業という舞台で、革新を成し遂げ、世の中に強い印象を与えた経営者は、ダイエーの中内㓛、セゾングループの堤清二、そして鈴木敏文だろう。だが中内や堤と比べて、鈴木には決定的に異なる点がある。それは、鈴木が伊藤雅俊という創業オーナーの下で働いた「サラリーマン経営者」だったということだ。

セブンイレブン1号店の開業は1974年。鈴木は41歳、ヨーカ堂の取締役だった。その後、セブイレブンはヨーカ堂の傘の下で急速に大きくなった。鈴木ほどの才覚があるならば、どこかのタイミングでヨーカ堂グループを飛び出し、独立して事業を立ち上げることもできたはずだ。退任後のロングインタビューで、日経ビジネスはそのことを鈴木に問うてみた。

「やっぱり（セブンイレブンを）ヨーカ堂にとってどうプラスにするかということしか考えてなかったから。個人でどうかということは、ほとんど考えたことがない。自分の仕事を貫徹しようということしか考えなかったんだ」

鈴木は、よどみなくこう答えた。

鈴木はあがり症を直そうと、学校の部活動で弁論部に入り、足が遅いのを克服しようと陸上部に入った。目の前の課題に正面から向かう鈴木の仕事人生は、陸上競技のトラックを力いっぱい走り切ったようなものだったのではないだろうか。セブンイレブンがヨーカ堂の子会社だったことについて、「資本がどうとか考えたことはない」と語る鈴木。走るトラックがオーナーの伊藤の持ち物だろうが、自分の所有物だろうが関係ないとでも言いたいかのようだった。

「資本と経営の分離」。鈴木が退任会見で口にした言葉には、サラリーマンから流通王に駆け上がった男の矜持がにじむ。資本家と経営者は別であるべきだという、経営の教科書的な意味よりも、セブン＆アイという日本を代表する巨大流通グループを築き上げた実績に裏打ちされる意地が透けるからだ。

「資本と経営の分離、もっと格好いい言葉で言えば能力主義だよね」

ロングインタビューでも改めてこう語っていた。最も能力のある者が会社のトップに立たなければならないという意味だ。

セブンイレブン1号店とほぼ同時期に、ダイエーの中内はローソンを、セゾンの堤はファミリーマートを始めているが、これらのコンビニチェーンは、それぞれのオーナー経営者にとって、数ある事業の「一部門」の枠を出なかった。

それとは対照的にセブンイレブンとは、サラリーマンである鈴木が、オーナーの伊藤に対して、自分の能力と存在意義を証明するための唯一無二の事業であり、「鈴木敏文」そのものであった。セブンイレブンがライバルを大きく引き離し、流通業を変革する存在になり得たのは、ここに必然がある。

自らの力を証明するためには、上司や同僚、時にはオーナーの伊藤との摩擦さえも覚悟して、目の前の課題と格闘してきた。度が過ぎれば、組織からは排除されかねない。それでも鈴木が大きなリスクをとることができたのは、組織人としての保身よりも、成功への執念が上回っていたからだ。組織人でありながら「孤高」と評される姿勢は、そこから生まれたのだろう。

鈴木は83歳まで現役を続け、自分でも予期していなかった形で長い仕事人生に区切りをつけた。退任した今、日本の隅々まで広がり、社会インフラと言われるようになったセブンイレブンを改めて見て、不思議な感情を抱えている。

「みんなに分かってもらえたコンビニだって、今日、これだけの社会的な存在感を持つとは、最初の時は誰も考えなかったと思うよ。僕自身だって、ここまでになるとは考えなかった」

ダイエーの中内は「流通を変える」「日本人の消費生活を変える」といった思想を掲げ、それを原動力として巨大帝国を築いた。だがセブンイレブンの事業を始めた時、鈴木に社会を変えたいという「大志」はなかった。ゴールを見定めていたわけでも、世の中を良くしたいと強く望んだわけでもなく、ひたすら目の前の仕事と格闘し、仕事人生を駆け抜けた。その結果が世界6万店のセブンイレブンなのだ。

「俺もすごいことをやったんだな」

2016年秋。ホテルに借りた執務室で、窓から見える日本庭園に視線を移した鈴木は、ぽつりとこう漏らした。現役時代、「大したことはやっていない」と言い続けてきた男は、経営の表舞台を降りてようやく、自身の功績を客観的に見つめられるようになったのだろうか。

流通業界にとどまらず、広く産業界を見渡しても、創業者ではないサラリーマン経営者が戦後、これほどのイノベーションを起こした例は、ほとんどない。なぜそれが可能だったのか。「孤高」であり続けた鈴木敏文の人生は、日々の仕事と格闘する我々すべてのビジネスパーソンに、この問いを投げかけている。

＝文中敬称略

# おわりに

「君たちは何も分かってないよ」

経営者・鈴木敏文氏を取材するようになっておよそ20年。流通業界で「常識」とされた考え方（例えば、デフレ時代には値段を下げないと売れない、とか、スーパーは時代遅れになった、など）をもとに質問すると、大体こう返された。おそらく、社内でも自分と異なる意見が出てくると、同じような言い方で退けていたのではないか。常識を疑い、大勢に流されるのを嫌った。それはとりもなおさず、過去の経験で物を考えていては、消費者の支持は得られないという強い信念があったからだ。本書にも全編を通じて、その考えがにじみ出ている。全くぶれない経営者だった。

1998年2月。イトーヨーカドー六地蔵店（京都府宇治市）の開店セレモニーを取材するため、現地に行った時のことだ。当時、私は日本経済新聞の記者として流通業界、主にスーパーや百貨店を取材していた。鈴木氏は私の姿を見つけるなり、「何だ、あの記事は！」とものすごい剣幕で怒鳴った。当日朝に発行した日経流通新聞（現日経MJ）に載った記事が気に入らないというのだ。書いたのは私ではなかったが、担当記者の私が怒鳴られ役となった。

記事の概要はこうだ。セブンイレブン向けの日用雑貨の物流レベルがあまり高くないため、専用の卸会社を設立することにした。日用雑貨メーカーや卸に出資や協力を要請したが、一部に反発が出て、計画通りにスタートできなかった、といった内容だ。

鈴木氏にしてみれば、メーカーの反発は想定の範囲内。かつて牛乳の共同配送を始めた時もそうだった。じっくり取り組めば、いずれ理解が進み、やがてうまくいく。だが、始めからうまくいくはずがない。そんなの当たり前だろう、と。

そして「何も分かってない！」とまくし立てられた。周りにはイトーヨーカ堂の役員が勢揃いしていた。鈴木氏に同調するというより、まるで憐れむかのように私を見ていた(ように思えた)。

この時、私はこう思った。「ああ、ここに居並ぶ役員の皆さんは、いつもこうやって怒られているんだな」と。彼らにとっては日常茶飯事の光景だったのだ。経営者として結果を出してきた鈴木氏に誰も抵抗できない。鈴木氏に言われたらその通りに修正するだけだ。

過去の延長で物を考えることを嫌う。世の中に存在しない商品やサービスを思い描いて、それをどうやって提供できるかを必死に考え、実行するのが鈴木流だ。鈴木氏は「そんなの簡単だよ」と事もなげに言う。しかし、凡人にはそんな想像力と実行力はなかなか備わっていない。平凡な発想が出てくると「何も分かってない」と一刀両断。そうやって社員は鍛えられる。良いか悪いか、好きか嫌いかはともかく、これがセブンイレブンと、ある時期までのヨーカ堂の強さの源泉だった。

デフレ経済の真っただ中だった2001年、それまで1個100円が主流だったコンビニのおにぎりに160～200円の商品を投入したことはその最たる例だろう。デフレであればもっと安くしないと商品は売れない、と普通は考えるものだ。「そうじゃない。価格より価値だ。価値あるものに消費者はお金を払うんだ。君たちは何も分かってない」。果たして、1年間で1億個近くを販売する大ヒット商品となった。「すみません、分かっていませんでした」とひれ伏すしかない。

鈴木氏は「リーダーシップ」とか「腕力」という言葉を好んで使ってきた。後継者問題について尋ねられても、「思い切った手を打つには腕力が必要だ」と言って、自分がやらずに誰がやる、との姿勢を崩さなかった。「経営に集団指導体制などあり得ない」とも言っていた。腕力というよりは剛腕という言葉の方がふさわしい。かつて、プロ野球でも剛腕のエースは先発完投型だった。投げ切ることを美学とするタイプが多かった。鈴木氏は「新しいことを始めると、それを自分でやり遂げないと気が済まない」と言っていた。きっと、終わりのないイニングまで完投する意欲だったのだろう。

鈴木氏に関する書籍はこれまで、数多く出版されてきた。現代の経営者ではダントツの多さだろう。実際、著作はよく売れ、講演には多くの聴衆が詰めかけた。

そうやって自身の経営哲学を広く知らしめたり、米ハーバード大学ビジネススクールのケーススタディーになったりすることを誇ってきた鈴木氏だが、自身では「経営や小売りのことを誰からも学んでいないし、コンサルティング会社の言うことを聞いたことがない」と言う。誰かに聞くということは、既に誰かが手掛けたビジネスモデルを参考にすることであり、それは物まねでしかない。鈴木氏はそう考えてきた。セブンイレブンの経営モデルは自分自身の生き様なのだ。伊藤雅俊氏が作ったヨーカ堂にそれほどの情熱を傾けられなかったのも合点がいく。

鈴木氏は「競合する店舗に足を運んだこともないし、見る必要もない。見るべき相手はライバルではなく、消費者である」と繰り返していた。

その割には、同業他社の数字を気にしていたのも事実だ。それは自らの強さを確かめるためだった。「他社は既存店の売り上げがマイナスなのに、セブンイレブンはずっとプラスだ」「他社の日販（1店舗の1日当たり売上高）よりセブンイレブンは10万円以上多い」といった具合だ。自分が言っていること、やっていることが正しいかどうかは数字が証明してくれる。客観的なデータは正直だ。データが心の支えになっていたのではないか。その意味でも、孤高の経営者だった。

短気で怒りっぽい上、剛腕というだけで40年近くも経営トップに君臨できるはずはない。創業者・伊藤雅俊名誉会長との「つかず離れず」の関係がずっと続いたことを考えると、我慢型の経営者の一面も持っていた。実際、怒鳴られた後でも、しばらくすれば普通に取材に応じてくれた。その後も何度となく怒られたが、それでも遠ざけられることはなかった。

2016年5月24日。鈴木氏が正式に退任するセブン&アイ・ホールディングスの株主総会の2日前にも東京・四ツ谷の本社で会った。CEO（最高経営責任者）として会う最後の日だった。そこでも怒られた。引退を表明した記者会見後に、日経ビジネスもいろいろ書いた。その記事に怒っていた。本当に間違いを書き飛ばしているのなら、出入り禁止になるだろうし、二度と会わないだろう。しかし、名誉顧問になり、本社近くのホテルのオフィス棟に執務室を移してからも、しばしば取材に応じてくれた。それを日経ビジネスで10回連載し、本書の1章に収録した。

執務室には鈴木氏と秘書がいるだけ。あとは来客を待つのみ。売り上げデータをリアルタイムで確認できるパソコンが室内にある。これが心の安寧《あんねい》となっているのか、いら立ちになっているのかは分からない。

「君たちは何も分かってないよ」。自らの人事案を否決され、退任を決めた時も、心の中でそうつぶやいたのではないだろうか。

日経ビジネス編集長　飯田展久

2016年12月

◉カバー写真　的野弘路

◉本文写真

1章
1節22ページ＝的野弘路
2節29ページ＝石河行康（伊藤雅俊)、清水盟貴（中内 切)、大槻純一（堤 清二）
4節43ページ＝スタジオキャスパー
4節45ページ＝時事
6節57ページ＝朝日新聞社
9節77ページ＝Fujifotos/アフロ

2章
4節167ページ＝石河行康（会議室）
4節181ページ＝村田和聡
コラム202ページ＝竹井俊晴

3章
1節239ページ＝清水盟貴（弁当売り場）
2節253ページ＝都築雅人（会見）
3節277ページ＝スタジオキャスパー
3節283ページ＝共同通信
4節287ページ、293ページ＝スタジオキャスパー
4節305ページ、323ページ＝竹井俊晴
コラム328ページ＝竹井俊晴

終章
349ページ＝的野弘路（鈴木敏文)、共同通信（伊藤雅俊、栗田裕夫、工藤 健、山口俊郎、井阪隆一）

鈴木敏文
**孤高**

2016年12月27日　第1版第1刷発行

編集　日経ビジネス
鈴木 哲也、大竹 剛、日野 なおみ

発行者　高柳 正盛
発行　日経BP社
発売　日経BPマーケティング
〒108-8646
東京都港区白金1丁目17番3号 NBFプラチナタワー
http://business.nikkeibp.co.jp/

装丁　岩瀬 聡
制作　朝日メディアインターナショナル株式会社
印刷・製本　中央精版印刷株式会社



ISBN 978-4-8222-3663-2